LA POLICE PARISIENNE

GIBIER

DE

SAINT-LAZARE

PAR

G. MACÉ

ANCIEN CHEF DU SERVICE DE LA SURETÉ

PARIS

G. CHARPENTIER & Cie, ÉDITEURS

11, RUE DE GRENELLE, 11

1888

Champigny
(Seine)
Samedi.

Cher Monsieur Breguet,

J'étais à Paris mardi
dernier et à cause des fêtes
je n'ai reçu votre lettre qu'à
mon retour c'est-à-dire
mercredi matin.

Le mardi, 19, j'irai
vers 10 h. ½, voir Mme Le Senné
Venez-y quelques instants car
il me sera impossible de déjeuner
avec vous.

Amitiés
Arnaud

GIBIER DE SAINT-LAZARE

DU MÊME AUTEUR

LA POLICE PARISIENNE

Le Service de Sureté. — (12e mille).   1 vol.

Mon Premier Crime. — (9e mille).....   1 vol.

Un Joli Monde. — (21e mille)........   1 vol.

Paris. — Imprimerie de G. Balitout et Cⁱᵉ, 7, rue Baillif

LA POLICE PARISIENNE

GIBIER
DE
SAINT-LAZARE

PAR

G. MACÉ

ANCIEN CHEF DU SERVICE DE LA SÛRETÉ

SEPTIÈME MILLE

PARIS

G. CHARPENTIER ET Cᵉ, ÉDITEURS
11, RUE DE GRENELLE, 11

1888

GIBIER DE SAINT-LAZARE

Au plus spirituel des préfets de police
de la Troisième République

Monsieur le Préfet,

A la suite de nos promenades instructives parmi les méandres du Paris vicieux, vous avez désiré connaître les formes que revêt de nos jours le monde de la prostitution. « J'entends tout savoir », me disiez-vous avec un fin sourire. Vous allez être satisfait. Par malheur, si votre esprit triomphe de cet épineux panorama, celui-ci aura promptement raison de votre sourire. Démontrer l'importance des idées réformatrices que vous possédez est une tâche difficile pour laquelle il ne me déplaît point d'avoir été choisi, non que je prétende donner de leçons à personne, mais le signal du péril ne vient-il pas toujours d'un obscur soldat placé aux avant-postes? Etre consciencieux et impartial fut mon unique préoccupation dans ces recherches au profit de la vérité. Ai-je atteint le but désigné par vous en éclairant le mal dans ses sombres profondeurs, afin de le mieux étudier et de le guérir, s'il se peut?

A vous de le juger.

Le tableau d'ensemble que j'ai l'honneur de vous présenter, met en relief cette plaie qui gangrène les masses, les endroits où les filles se vendent, où les plaisirs s'achètent.

Si le dévergondage public des prostituées prend des proportions considérables, les hommes, quel que soit leur âge, ne sont guère meilleurs ni plus moraux.

Des coulisses de la vie galante, vous assisterez au jeu des passions de certains personnages ayant l'étrange prétention d'être l'élite, la tête, le cerveau de la société ; et vous apprécierez par des actes et sur nature ces spécialistes vivant sans le moindre scrupule du produit de la débauche.

Pour vous permettre d'atténuer dans les mesures du possible les tristes effets d'un mal contagieux et faciliter les recherches dont vous auriez besoin, j'ai divisé le travail en cinq parties avec une table analytique et alphabétique.

La première partie est relative au racolage, en général ; la seconde concerne les établissements favorables à la débauche, la troisième est spéciale aux brasseries desservies par des filles ; la quatrième comprend le proxénétisme et la cinquième les maisons tolérées.

Dans les nombreux cartons verts tapissant vos bureaux, se trouve au repos, soigneusement rangée, la collection des actes, capitulaires, lettres patentes, arrêts du parlement, sentences prévôtales, ordonnances de police et circulaires, auxquels la prostitution a donné lieu en France, depuis sa réglementation; c'est-à-dire dès l'an 800 jusqu'à nos jours. Malgré les efforts combinés des législateurs, le personnel des prostituées va, vient, se *transmute* sous divers noms, se revoit partout et toujours identique.

J'ai donc intentionnellement fait un usage discret des chiffres et textes de règlements. On fait dire aux statistiques ce qu'on veut, il ne s'agit que de savoir bien s'en servir. En matière de débauche, les calculs comparatifs ne portent que sur des données approximatives et la réglementation qui permet la prostitution, tout en la réprimant, constitue des abus impossibles à supprimer, puisqu'ils ont pour base l'arbitraire.

PREMIÈRE PARTIE

LE RACOLAGE

Aux Fortifications

Comme les anneaux d'une chaîne, tout se
tient dans la prostitution, et c'est par une
triple ceinture que la débauche et le vice
enserrent Paris. La plus étroite de ces cein-
tures et la principale, se développe sur les
boulevards intérieurs, notamment de la Madeleine à la Bastille ; en s'élargissant, elle gagne
les boulevards extérieurs, qui servaient avant
l'année 1859 à délimiter l'ancienne et la nouvelle ville, puis, en s'agrandissant toujours,
elle se déroule le long du mur de l'enceinte
fortifiée.

Pendant la belle saison, en bon air, en pleine
verdure, derrière les fossés et sur les talus
gazonnés, la basse prostitution s'exerce librement ; c'est la ressource, le refuge des pauvres
gens qui, le soir, peuvent venir jouir à peu de

1.

frais d'une obscurité nécessaire à leurs épan-
chements.

Les employés de l'octroi en surveillance pour
les fraudeurs n'aperçoivent le plus souvent que
des ombres chinoises entrelacées.

Près des fortifications, sur les terrains non
labourables, et placés dans la zone militaire, se
tiennent des fêtes permanentes, avec baraques,
saltimbanques, balançoires, chevaux de bois.
Le bruit causé par le zim-boum-boum, le dre-
lin-din-din des cloches, rapprochent flâneurs et
flâneuses, leurs mains se touchent, leurs
genoux s'agitent, et dans ce grouillement, ce
désordre, un prurit circule sur les corps de ces
êtres attroupés et les racoleuses ennemies du
chômage en profitent pour s'offrir.

Plus il y a de *trèple* sur le *trimard,* disent les
souteneurs, mieux nos *marmites maillochent* (1).

Le Bois de Boulogne

L'orgueil et la parure de Paris sont, sans
contredit, à l'ouest le bois de Boulogne et à
l'est celui de Vincennes. Aussi les prostituées
savent-elles en tirer d'inappréciables avantages.
Elles connaissent les secrets de ces bois, et
aucun des fourrés, massifs et taillis, ne leur est
inconnu.

(1) Plus il y a de monde à un endroit, mieux nos
femmes travaillent.

Depuis 1875, la prostitution dans le bois de Boulogne a fait l'objet d'études particulières dans les bureaux de votre préfecture. Le service de répression augmente sans cesse pour combattre l'affluence considérable de prostituées et de souteneurs qui s'y donnent rendez-vous à partir du mois de mars jusqu'à la fin de l'automne. Le bois de Boulogne est d'ailleurs, par sa disposition, l'emplacement le mieux apprécié des malfaiteurs; ils y travaillent en toute sécurité. En dehors des principales voies qui conduisent à la cascade, aux champs de courses de Longchamps, ou dans les carrefours fréquentés par le « haut public, » comme le tour du lac, le rond-point de la Vierge et les abords du Pré Catelan, il est facile de reconnaître que le reste du bois n'est et ne peut être surveillé d'une manière efficace par les gardes de la Ville de Paris. Ces employés surveillent principalement à ce que le matériel ne subisse aucune déprédation, afin de conserver au bois son caractère de lieu d'agrément. Les postes d'observation des hommes de service sont placés près des chaises et fauteuils de fer, sur lesquels viennent se reposer les promeneurs qui désirent assister au défilé des mondaines et des filles entretenues, plus ou moins horizontalement étalées sur les coussins de leurs voitures.

Au nord comme au sud, à l'est comme à l'ouest, le bois de Boulogne a ses lieux de ralliement pour les individus qui se livrent au vol, au chantage, à la débauche.

Au nord, la partie dangereuse, avant cinq

heures du matin ou après huit heures du soir, est celle comprise entre la route de Long-champs à Neuilly, depuis la porte de Suresnes jusqu'à l'avenue de Madrid. Le parallélogramme formé par ces différentes voies, contenant le parc de Bagatelle et ses dépendances, est sillonné par des filles mineures ou qui ont dépassé la trentaine. Au-dessus de cet âge et avant vingt ans, il y en a des quantités, qui augmentent ou diminuent selon la douceur ou la rigueur des saisons.

Les mineures appartiennent à la classe des ouvrières employées dans les blanchisseries, les teintureries de Suresnes et de Puteaux. Gagnant peu (le salaire, en moyenne, ne s'élève guère à plus de huit francs par semaine), elles abandonnent le travail et vont, près des casernes de Courbevoie et du Mont-Valérien, s'amuser avec les militaires. Ceux-ci les conduisent dans des garnis et cabarets mal famés, où elles se trouvent en compagnie de rôdeurs et rôdeuses de Neuilly, Courbevoie, Puteaux et Suresnes, qui, lassés d'opérer l'hiver à Saint-Ouen, à Clichy, ou traqués dans ces parages, viennent se réfugier dans les endroits les plus touffus du bois, sachant par expérience qu'ils seront moins exposés à être poursuivis là que partout ailleurs.

Quant aux prostituées surprises en flagrant délit de racolage, elles refusent de se soumettre aux obligations réglementaires, et l'on voit souvent parmi elles un certain nombre de filles inscrites disparues de leurs visites sanitaires et incapables de fournir, depuis plusieurs mois, aucune indication de domicile.

Ces femmes, faisant commerce de leur corps, que l'on désigne, à juste titre, sous le nom de « pierreuses », car elles couchent plus souvent sur la terre et les cailloux que dans un lit, entraînent, servent de pilote aux mineures et en font, non seulement des prostituées de la pire espèce, mais aussi des femmes à voleurs et à filous.

Je devais cette explication, nécessaire à établir la raison pour laquelle l'on ne rencontre ordinairement dans le bois de Boulogne que des filles débauchées tout à fait jeunes ou peu éloignées de la quarantaine.

Au sud existe la plus belle partie du bois, la mieux fréquentée, eh bien, sous les grands arbres des allées couvertes et tournantes, en dehors des filles, circulent ces individus se livrant à des actes d'une immoralité révoltante.

Dans ce coin charmant, appelé « la Mare d'Auteuil », un ministre *de passage* brisa sa canne sur les reins d'un souteneur accompagnant une fille; tous les deux avaient injurié sa femme. Le souteneur fit arrêter le ministre, et, sans votre intervention, il ne serait pas rentré coucher place Beauvau. Les agents ne cessaient de lui répéter, en le conduisant au commissariat de police : « Le bois de Boulogne est un lieu de promenade consacré à tout le monde, si ces gens-là vous déplaisent, écrivez à la Préfecture, mais ne frappez pas les citoyens. »

A l'Est, depuis la porte Dauphine jusqu'à la route sablonneuse, le bois de Boulogne est bordé par des sapins sous lesquels on rencontre quantité de malfaiteurs et de prostituées. Par un temps clair il est facile de reconnaître ces individus. Les mâles sont étendus sur l'herbe de distance en distance et surveillent ainsi le commerce de leurs femelles, ils ne se lèvent qu'au moment où elles ont réussi à conduire l'homme racolé au taillis le plus sombre pour causer et agir en toute sécurité.

La plupart procèdent de la façon suivante : à un signal convenu, la fille réclame une somme supérieure à celle promise, si le racolé refuse, le souteneur paraît et n'hésite pas à sauter à la gorge de l'homme dont sa maîtresse et lui désirent tirer profit. « C'est un « brillard » (vingt francs), lui dit le malfaiteur ; comment, vous osez marchander une fille aussi gironde (belle), et cela au milieu du bois ; vous êtes fou ! allons, exécutez-vous. »

L'imprudent n'a qu'un désir : celui de sortir vivement du piège. Il s'exécute et remet la somme.

« Ce n'est pas fini, ajoute le souteneur ; Madame est mariée ; le *jaunet* appartient à son homme, je suis délicat, et je ne veux rien prendre à mon *aminche* (ami d'affaires), mais comme j'ai droit à une indemnité pour mon dérangement, je la veux... Ne criez pas, ou j'appelle les bons petits camarades. » La victime donne au filou une nouvelle pièce de monnaie et se retire suivi jusqu'à la lisière du bois par la fille et son souteneur.

Quatre-vingt-dix-neuf fois sur cent, elle n'ose pas porter plainte, il lui faudrait avouer dans quelles circonstances elle a été dépouillée.

A l'Ouest, vers la ville de Boulogne, il n'y a pour ainsi dire que la partie boisée comprise entre la butte de Mortemart, les routes de Saint-Denis et de Saint-Cloud, qui soit parcourue par des femmes ou des individus suspects ; cela s'explique, car de ce côté la circulation est beaucoup moins active que vers les avenues de Neuilly ou de la Muette, mais on y rencontre encore assez souvent des militaires et des jeunes filles venant s'y prostituer.

Personne ne pourra nier que les endroits du bois de Boulogne désignés ci-dessus et d'autre part ne soient très mal fréquentés. A la belle saison les filles y font aussi facilement leurs affaires que dans certaines rues de Paris. Elles pratiquent sûrement le racolage, et les hommes cèdent d'autant plus à leurs provocations qu'ils se figurent être en présence d'ouvrières en rupture d'atelier.

Pour remédier à cette situation autant que les forces et le personnel du service le permettent, des rondes de jour et de nuit, des surveillances ont lieu de concert avec le conservateur du bois qui fait assister les agents par une quantité de gardes placés sous ses ordres ; il en résulte que dans une seule nuit près de cent individus des deux sexes y sont capturés. Razzias dangereuses à exécuter au point de vue des violences et de rebellions contre les agents; elles le deviennent plus encore par les erreurs

que ceux-ci peuvent commettre. En effet, il n'y
a pas que des malfaiteurs et des prostituées qui
couchent dans le bois de Boulogne, j'y ai trouvé
des jeunes gens en compagnie de leurs maîtresses, des individus légitimement mariés, ayant
un domicile à Paris, de réels moyens d'existence, et qui, malgré cela, croyaient tout natu-
rel de venir dormir et passer la nuit dans les
taillis du Bois de Boulogne, absolument comme
des vagabonds.

A la dernière expédition, les agents ont surpris la comtesse de X..., habitant la rue du
Faubourg-Saint-Honoré, en surveillance avec
une fille publique. Cette comtesse, âgée d'une
cinquantaine d'années, ayant acheté le nom et
le titre d'un jeune homme ruiné, peu scrupuleux et sans consistance morale, vit un peu
trop tôt roussir sa lune de miel ; non seulement
le comte la trompa, mais il n'épargna rien pour
la ruiner à son tour.

Voulant se séparer judiciairement, la comtesse se mit en mesure de prouver l'inconduite
notoire de son époux ; elle apprit qu'il était en
rapport avec des prostituées en circulation aux
abords de l'Arc-de-Triomphe. Elle vit, entendit
les filles qui disaient connaître le comte et l'une
d'elles, intelligente et fine, se chargea, moyennant une forte rétribution, d'organiser autour
de ce mari une habile et sérieuse surveillance.

Quinze jours après, le policier femelle
remettait à la comtesse un rapport circon-
stancié. Le comte était un débauché de la pire
espèce, et sa passion favorite consistait à se

rendre, vers minuit, dans les massifs du bois de Boulogne avec des individus et des femmes de mauvaise vie. Tous se déshabillaient complètement et se livraient en commun aux plus ignobles saturnales. Le comte payait ce monde et prenait part à ces scènes nocturnes.

La comtesse n'accepta pas sans contrôle des renseignements si précieux, elle fit son enquête auprès des autres prostituées qui lui en confirmèrent l'exactitude. Néanmoins elle voulut assister à une représentation, et ce furent les agents, cette nuit-là, qui ramassèrent d'abord la comtesse et son pilote, puis le comte, buvant de la bière, en compagnie de souteneurs et de filles.

L'indicatrice de la comtesse avoua que dans un but intéressé, et pour justifier la majeure partie des faux renseignements fournis sur le comte ; elle avait réglé la petite réunion du bois de Boulogne, d'accord en cela avec ses *collègues en prostitution.*

Aux arrestations en masse, et en dehors de leur danger, vient s'ajouter une autre difficulté. Il n'existe au bois de Boulogne aucun endroit où il soit possible de consigner les personnes susceptibles d'examen. Les postes des gardes ne sont nullement disposés à cet effet, et il faut les conduire à la gendarmerie, avenue de Neuilly, et, de là, au commissariat de police. La plupart des individus sont remis en liberté, dès qu'ils ont pu établir un semblant de domicile, de sorte que le lendemain ils retournent coucher dans le bois.

Quant aux filles, elles sont dirigées vers la

préfecture de police, mais comme les souteneurs
ont généralement plusieurs maîtresses à la fois,
la détention de l'une d'elles ne leur cause qu'un
préjudice relatif, et ne les empêche pas de
continuer leur odieux métier.

Les rondes dans le bois de Boulogne ne produisent pas les résultats qu'on pourrait croire ;
elles permettent bien d'atteindre certaines prostituées, mais les souteneurs échappent à toute
répression, d'autant mieux que les surveillances
sont rendues illusoires par la présence de ces
mêmes souteneurs, prévenant les filles et leurs
acolytes de l'arrivée des agents.

La police du bois a encore pour ennemi le
cantonnier qui, l'œil au guet, la lance à la main,
se charge, tout en travaillant et sans en avoir
l'air, de faciliter le départ des filles.

Les entraves que les représentants de l'autorité rencontrent, sont de tous les instants, et
rendent peu facile leur mission déjà si délicate
par l'hostilité que le public manifeste journellement à leur égard.

Bois de Vincennes

Les dimanches et les jours de fêtes la véritable promenade de l'habitant des faubourgs
parisiens est le bois de Vincennes. Il y prend
son bain d'air, c'est sa propriété, son jardin
favori, et sans regret il abandonne le bois de
Boulogne à ceux qui, comme les boulevardiers,

aiment la foule, les cavalcades et les files interminables de voitures.

Malgré le passage des bûcherons, le travail des jardiniers, qui ont enlevé les coins sauvages, les fourrés, les massifs solitaires, le Bois de Vincennes conserve encore des côtés pittoresques, des endroits charmants remplis de surprises, offrant la fraîcheur et l'ombrage aux familles désireuses de se [mettre, pendant et après les repas, à l'abri des regards indiscrets. Le dîner sur l'herbe se retrouve encore là.

Si le bois de Vincennes appartient en son entier, une ou deux fois par semaine, à la classe ouvrière, les autres jours il sert de lieu de rendez-vous habituel aux filous, souteneurs et prostituées.

L'Inspecteur général, directeur des travaux de Paris, ne cesse de signaler la présence de filles de mauvaise vie et de gens sans aveu qui rôdent dans le bois et racolent les promeneurs.

Cet état de choses menaçant pour la sécurité publique, contraire aux bonnes mœurs, éloigne de la promenade la population tranquille.

Les gardes peu-nombreux, revêtus d'un costume qui les trahit, sont impuissants à réprimer le scandale, et les agents en bourgeois seuls finissent par procéder à l'arrestation de quelques filles faisant trop ouvertement du racolage aux abords de la pyrotechnie, sur la route Saint-Louis et non loin des allées situées près du cimetière de Charenton. Mais, où les femmes vivant de la prostitution sont en plus grand nombre, c'est aux abords du camp de Saint-Maur où est installée l'artillerie ; elles y racolent des militaires et se dispersent ensuite avec eux dans le bois.

La répression y est encore plus difficile qu'au Bois de Boulogne. Les agents ont constaté qu'ils avaient contre eux les vieux rentiers, aux habitudes excentriques, venant pour la plupart satisfaire leurs passions et qui signalent aux intéressés les mesures prises et les surveillances prescrites ; les cantonniers qui préviennent les filles se trouvant cachées dans les massifs en compagnie d'individus racolés ; enfin l'intervention des artilleurs de Vincennes, et celle-ci s'explique, car les prostituées dans ce bois n'ont pas de clients plus assidus. Les soldats les rencontrent aux environs du fort, dans les cabarets mal famés des rues du Terrier, du Levant, de Montreuil, et pour quelques sous des couples se forment et vont se livrer dans les fourrés du bois à la plus honteuse débauche. Parfois la même fille se prostitue à tour de rôle à plusieurs soldats et pendant ce temps il y en a toujours un ou deux qui font le guet.

Ces filles, cela se conçoit, sont atteintes de graves maladies vénériennes et l'autorité militaire, par des notes dites « d'état-major », réclame quotidiennement leur recherche. C'est en se livrant à ces recherches dont l'importance est capitale que les agents obligés de fouiller les taillis, les massifs, sont l'objet d'outrages, de violences et de rébellion de la part des malfaiteurs qui pullulent dans ce lieu.

Cette hostilité contre les agents est en quelque sorte permanente à Vincennes, et il ne se passe pas d'année qu'à la fête de la Sainte-Barbe (4 décembre), l'administration ne se trouve forcée de doubler les services et d'obtenir des surveillances spéciales à l'égard des artilleurs qui saccagent le bois et vont même jusqu'à briser les devantures et le matériel des maisons de tolérance établies dans les environs, ce qui occasionne des rixes et des scènes scandaleuses.

En dehors des filles élisant domicile à la belle étoile et servant d'auxiliaires aux filous, il y a les voleurs de balles de plomb, au moment où des expériences de tir sont faites au polygone de Vincennes. Ces individus, repris de justice, toujours dangereux, pratiquent le jeu du couteau, ils savent comme ils le disent, ouvrir sans bruit des « boutonnières humaines ».

La lutte est continuelle entre les agents et les différentes catégories de malfaiteurs peuplant le bois de Vincennes. En dehors de cette lutte, lorsqu'il s'agit de procéder à l'arrestation d'une fille ou de son souteneur, un empêchement primordial existe et entrave l'action de la police active. Son personnel doit se conformer aux règlements qui régissent les promenades et les jardins publics de la ville de Paris. C'est pour cette raison que les surveillances sont exercées sur la demande du conservateur du bois, lequel en réfère au Préfet de police. Des inspecteurs de la sûreté et des mœurs sont mis à sa disposition, et c'est sous la direction de brigadiers que ceux-là opèrent.

Le concours des gardes en pareille circonstance est indispensable, notamment au Bois de

Vincennes, pourvu d'endroits interdits au public et inconnus aux agents. Pour peu que les gens chargés de les assister oublient de leur fournir les indications nécessaires, il en résulte des erreurs qui prennent souvent des proportions inattendues.

Les bois de Boulogne et de Vincennes resteront néanmoins les promenades fréquentées par les habitants de Paris; cependant les amateurs de solitude agiront avec sagesse en évitant de trop s'engager sous leurs épais feuillages, ils pourraient y faire de mauvaises rencontres.

Vous devez, Monsieur le Préfet, contribuer à rendre leur séjour agréable à la population, assurer la sécurité des familles, donner satisfaction aux plaintes nombreuses et légitimes qui nous sont adressées. Le moyen est simple, il s'agit pour cela d'organiser des surveillances soutenues, de continuer des rondes imposantes qui ont permis d'envoyer sur les bancs de la police correctionnelle un bouquet choisi de malfaiteurs et de filles. En ce moment les deux bois sont à peu près propres ; je viens d'y détruire deux nids de pédérastes, les oiseaux sont en cage, au repos, à Mazas, où vous les verrez prochainement, et vous serez étonné d'apprendre par eux leurs manœuvres de chantage sur les promeneurs attardés auprès desquels ils invoquent la fausse qualité d'agents des mœurs.

Boulevards extérieurs

De l'Arc-de-Triomphe à la rotonde de la Villette ; de cette rotonde à la place du Trône ; de la place du Trône à l'entrée des Catacombes ; des Catacombes à l'Ecole Militaire ; et de cette Ecole à l'avenue du bois de Boulogne, tous les anciens boulevards extérieurs, sans exception, appartiennent, après l'allumage des réverbères, aux prostituées, et si vous résistez à leurs aimables avances, elles font appel aux souteneurs qui se chargent de mettre l'accord par des moyens touchants et persuasifs.

Cette catégorie de drôlesses, formée de filles soumises et insoumises, jeunes, assez jolies, en cheveux, la mine hardie, racolent avec une persistance et une audace révoltantes.

Sur les boulevards avoisinant les anciennes communes de Montmartre, la Chapelle, la Villette, Belleville, Charonne, Montrouge, Ivry et Grenelle, elles sont plus nombreuses et fonctionnent par petits groupes ; leurs allures, les propos qu'elles tiennent en offrant au premier venu leurs faveurs, dégoûtent les familles honnêtes qui n'osent plus se promener avec leurs enfants, ni s'asseoir sur les bancs envahis par de semblables créatures.

Boulevards intérieurs

C'est à l'angle de la rue du Faubourg-Montmartre, après un stationnement de quelques minutes, que vous avez été, Monsieur le Préfet, frappé de l'effroyable développement que prend la prostitution. Malgré les rafles pratiquées par les agents des mœurs, sur les ordres écrits de votre chef de la police municipale, le trottoir des boulevards, de la rue Poissonnère à la Madeleine, est encombré d'ignobles filles qui attaquent avec effronterie les passants, se jettent sur les promeneurs, s'attachent à leurs pas, leur prennent le bras, et ne les quittent que contraintes, et en accompagnant leur départ d'odieux propos et de gestes obscènes.

Ces actes s'accomplissent sous les yeux bienveillants des gardiens de la paix ; ils assistent à ce marché réaliste, honteux, brutal, insolent.

La ligne des boulevards, cette ravissante promenade si agréable aux étrangers, devient d'un accès difficile aux pères de famille.

La prostitution n'est plus discrète, elle a pris le haut du pavé, elle s'y étale d'une manière impudente, et, le soir, les filles, non contentes d'embarrasser la circulation, commencent à trouver plaisant d'insulter les honnêtes femmes.

Nouvelles actrices de carrefour, c'est sur la voie publique que se dresse leur théâtre ; n'ont-elles pas pris maintenant pour piédestal les refuges formés par les trottoirs circulaires ? On les voit de loin et en pleine lumière.

Les filles inscrites, c'est-à-dire *soumises* à des obligations sanitaires et disciplinaires, la police peut facilement en avoir raison. Au moindre commandement elles s'éloignent, circulent ou suivent sans scandale les inspecteurs, mais celles désignées sous le nom d'*insoumises*, qui paraissent être privilégiées, et laissent par cela même croire à d'odieuses connivences entre elles et les agents chargés du service de répression. Celles-là, dis-je, se montrent audacieuses, sachant combien est pénible l'arrestation sur la voie publique, d'une de leurs pareilles résolue à ne point obtempérer aux injonctions de l'autorité. Elle se sent d'instinct protégée contre les mesures de la police, et ceux qui la soutiennent sont les premiers à réclamer un balayage énergique pour arriver à la cessation des désordres immoraux de la rue.

Les filles insoumises par la diversité de leurs mœurs, l'absence d'examen médical sont beaucoup plus dangereuses que les filles soumises.

Les débauchés placent naïvement leur confiance dans le *prix payé*, croyant se mettre à l'abri de la contagion syphilitique. Cet aphorisme ne peut pas être regardé comme un axiome, car de nombreux exemples prouvent que le *prix élevé* n'a jamais garanti personne.

Une actrice de talent, qui a eu de la célébrité au théâtre du Gymnase, a fort compromis la santé d'un Académicien.

On connaît ce trio de femmes malsaines ayant la vogue au bois de Boulogne, aux courses. L'une est ancienne cantatrice de l'Opéra, l'autre, avant de s'affubler d'un nom pris dans le théâtre de l'auteur du *Demi-Monde*, se rendait chaque soir sur les boulevards, aux Champs-Elysées, en tenue de bonne élégante et promenant un superbe chien. Son regard provocant indiquait assez qu'elle cherchait à être suivie. Ses admirateurs affirment que le chien est savant et dressé à des exercices extraordinaires ; la troisième, fausse duchesse polonaise, a empoisonné, sous prétexte de politique, le plus jeune de nos secrétaires d'Etat.

J'oubliais cette fille devenue à la mode par sa besogne secrète, ses opérations nocturnes et son papier à lettres, sur lequel est gravé une tête de mort entourée de ces mots, résumant bien l'existence de ses victimes :

Aimer, souffrir, mourir !

A-t-elle assez développé sur sa route d'affections... vénériennes ?

Toutes ces femmes se font cependant très chèrement payer.

Dans le langage imagé du jour, on se donne beaucoup de mal pour caractériser par un mot nouveau ces commerçantes qui débitent l'amour tarifé ; on forge positivement des noms en l'honneur des modernes courtisanes, et certains journalistes vont même jusqu'à en revendiquer la paternité. N'ont-ils pas successivement baptisé l'ancienne *lorette* de *belle petite, agenouillée, ambulante, grande marque, instantanée, gommeuse, luisante, mouquette, permanente, mousseuse, errante, horizontale.* Cette dernière et plus heureuse classification, attribuée à M. Aurélien Scholl, est la seule qui dit beaucoup en ne disant rien. En 1871, M. A. Vacquerie surnommait sa Proserpine et ses congénères des *universelles.*

Tous ces pseudonymes, passagèrement adop-
tés dans un milieu qui n'a rien de commun
avec la bonne société, ne représentent, pour le
public, que la fille cherchant ses moyens d'existence au hasard et par la galanterie vénale.

La police les appelle *insoumises,* en les clas-
sant de la manière suivante :

1° La fille de trottoir;
2° La fille de café;
3° La fille de brasserie;
4° La fille de souper;
5° La fille de théâtre;
6° La petite maîtresse;
7° La femme entretenue.

Les célibataires, selon leur âge, leur rang,
leur éducation, les appellent : *croqueuses de
cœurs, marchandes de sourires, biches, ten-
dresses, attoucheuses, gourgandines, lumineuses*
ou *diamants,* et les militaires les nomment :
paillasse la houri (femme attrayante) et la *moc-
ker,* quand ils ont participé aux campagnes
d'Afrique.

Les anciens *muscadins,* les *incoïables* du
Directoire, les *merveilleux,* les *dandys* de la
Restauration, les *fashionnables,* les *lions* du
règne de Louis-Philippe ont cédé la place,
pourquoi et comment, aux *cocodès, gandins,
huileux, amincis, poisseux, crevés, gommeux* et
boudinés? noms grotesques auxquels l'Académie ne fera jamais les honneurs du diction-
naire.

Ces petits bonshommes de dix-huit à vingt-cinq ans, soi-disant fils de famille, imitent leurs ancêtres et empêchent de ralentir la tradition, en recherchant comme des désœuvrés, les métaphores défectueuses pour se désigner, s'entendre, se reconnaître. Malingres, ridicules, sans esprit, ennemis du bon goût, niais en amour, ils forment dans le demi-monde ce *gratin*, cette *gomme*, cette *poisse*, ce *pschutt* et ce *vlan*, faciles à plumer, même en voyage, par celles qu'ils intitulent : la *cocotte*, la *crevette*, la *grue*, la *soupeuse*, la *belle de nuit* et la *campeuse*.

La femme du monde qualifie en général les filles de toutes les catégories de *créatures* et de *singesses*.

Le gamin de Paris, ce gavroche spirituel, original, inventif, qui est et restera la terreur des représentants de l'autorité, a son vocabulaire particulier, variant à l'infini, selon l'endroit et les circonstances. Au théâtre, sa maîtresse est une *Louis XV*, une *bergeronnette ;* à la promenade, elle devient sa *petite poupée*, sa *grosse tête*, sa *jolie margot ;* quand elle circule isolément, il se fâche et elle passe à l'état de *trotteuse, catin, truqueuse, punaise*.

Les souteneurs, ceux défendant les filles et qui reçoivent en retour l'argent qu'elles gagnent à la sueur de leur corps, se servent d'expressions pittoresques, mouvementées, et appropriées au singulier genre de *travail* des véritables prostituées. En action, ce sont des *outils*, des *asticots*, des *éponges*, des *marmites*.

Entre eux, à leurs bras, ils les appellent *gigo-lettes, trimeuses, catiches, ménesses, largues, rouleuses, gerses, linges, persilleuses* et *gonzesses*.

Pour terminer cette écœurante nomenclature, il y a lieu de fixer ici les étiquettes que les *hommes à femmes* piquent sur la tête de leurs clientes à l'âge mûr et toujours en quête d'amateurs ; ce sont celles de : *rouchies, terrières, tortues, carnavals, trumeaux, pétasses, gadoues, tronc des pauvres, morues* et *vieille-garde*.

La plupart des filles insoumises, se traînant dans la rue ou se laissant traîner en voiture, se recrutent dans les basses classes et à de rares exceptions, où elles offrent des types distingués, on ne remarque guère que des physionomies et des manières dénotant leur origine.

Ces filles encombrent les cafés des boulevards et ces établissements sont si mal fréquentés qu'une personne se respectant ne peut y entrer avec sa famille. Des agents en surveillance ont maintes fois constaté de neuf heures du soir à deux heures du matin l'entrée d'une cinquantaine de prostituées. Il y a néanmoins d'excellentes maisons, d'une tenue parfaite, où les propriétaires refusent de recevoir les *horizontales,* mais il faut les connaître.

La terrasse qui l'été occupe la moitié du boulevard est surtout le rendez-vous de la *tierce élégante,* le centre d'exploration de la débauche dont le public se plaint et pour laquelle (singulière dérision) ce même public prend fait et cause chaque fois que l'on cherche à réprimer ce scandale.

Vous avez vu, monsieur le Préfet, autour des tables, assis sur quatre ou cinq rangs de chaises, les oisifs, les chevaliers d'industrie, les *boudinés*, les hommes à femmes; ils examinent comme des maquignons leurs chevaux les filles qui défilent, les croyant déjà indistinctement en leur possession pour un prix quelconque; ils lancent à haute voix des obscénités sur leur compte, les estiment, les cotent selon leurs allures, leur beauté, leurs formes ou leurs qualités lascives.

Ces individus, la plupart vieillis dans la connaissance des dépravations humaines, également corrompus et corrupteurs, voués sans exception et sans frein à des passions, à des appétits dégoûtants, habitués à supposer le mal, à le deviner, calomnient les gens qui passent et salissent tout le monde.

C'est sur la terrasse de plusieurs cafés spéciaux que naissent et grandissent les actes les plus odieux. La calomnie, le prix de valeurs déclassées à la Bourse et l'obscénité forment les sujets de leurs conversations. Chacun à sa manière sacrifie jusqu'à son dernier sou pour s'afficher à la porte d'un café. Ayant l'air de mépriser les femmes, ils les confondent intentionnellement avec les filles crapuleuses du boulévard que seules ils connaissent et apprécient.

Il y a maintenant si peu de différence physique ou morale entre un fils de famille avili, le garçon que la misère étreint et le souteneur, qu'on ne peut guère les distinguer.

Comme je vous le disais, la grande occupa-

tion de ce genre de consommateurs consiste à
voir défiler les femmes de débauche qui infes-
tent les boulevards, Ces malheureuses, couvertes
de dentelles de soie et de velours, font le même
trajet toute la soirée d'un point à un autre, par
la pluie, le beau temps, le froid, la chaleur;
elles frôlent les passants, sondent du regard les
cafés et reçoivent, avec un calme imperturbable
et le sourire aux lèvres, les ignominies qu'on
leur lance. Tant que les *hommes ne mordent pas,*
elles continuent leur va-et-vient.

L'heure de l'absinthe indique celle du travail
aux prostituées de toutes les catégories.

Les filles logées dans le neuvième arrondissement, celui de l'Opéra, comprenant les quartiers Saint-Georges, la Chaussée-d'Antin, Ro-
chechouart et le faubourg Montmartre, prennent
alors place sur les trottoirs, se mettent en chasse,
flairent le gibier facile à prendre, tantôt seules,
tantôt à deux, souvent en nombreuse compagnie, riant, criant, se poussant pour se faire
remarquer, L'une se détache pour courir après
un homme, l'autre s'arrête pour en attendre un
second, et la petite armée parcourt ainsi les
boulevards dans l'intention de rabattre ceux qui
leur paraissent une *bonne affaire.* Elles sentent
l'ail ou le musc et s'offrent indifféremment à
l'heure, à la journée, au voyou riche, au gandin
décavé ou au vieillard dont la vie ne tient plus
qu'à un fil.

La gaieté grossière qu'elles affectent dans
leur commerce est une des choses les plus curieuses de leur existence et si elle n'inspirait pas la

pitié, elle pourrait donner lieu à des études remarquables.

La patience et la ténacité sont les vertus maîtresses des filles. Celle qui flaire un *homme sérieux* commence à le suivre et trahit sa présence par le frou frou de sa toilette, puis elle coudoie l'individu *à lever*, passe devant lui et s'arrête de façon à gêner sa route. Forcé de se détourner l'homme *à faire* la regarde et c'est alors que par un signe rapide, un sourire, elle indique le genre de bonheur dont elle a la spécialité. Sans attendre la réponse elle disparaît et se dissimule derrière un kiosque, une colonne affiche, pour laisser le temps au monsieur de réfléchir et de peser sa bourse.

Le boulevardier *refait* ou à qui cela *ne dit pas* est déjà content, mais la femme ne le lâche point, car il la voit bientôt reparaître plus acharnée que jamais.

Si l'offre n'est pas suffisante, l'infatigable prostituée quitte l'homme avec autant d'entrain qu'elle avait mis d'entêtement à le poursuivre, et reprenant sa course, traverse à dessein les groupes des flâneurs, rase la terrasse des cafés, pince, bouscule les garçons, fait des grimaces et tire la langue aux consommateurs qui ripostent par des obscénités à un geste immonde au grand ébahissement des promeneurs.

A côté de ces filles, se trouve la femme posée, la femme *monument*, qui marche au bruissement d'une jupe traînante, à pas comptés, ne perdant pas du regard un mètre de terrain. Celle-ci distingue bien la place, elle a sa clientèle et sait la reconnaître sans causer de scandale.

Il y a ensuite la femme alerte, qui intrigue le passant, rêvant à la possession d'une fillette en course. Il lui adresse quelques mots galants, mais il ne reçoit pas de réponse. La poursuite continue jusqu'au moment où *l'innocente* s'arrête essoufflée devant la boutique d'un bijoutier. C'est là *son truc* si l'homme ne la quitte pas, le prix de ses faveurs est vivement débattu.

Cette autre, pour se donner de la contenance, porte soit à la main un rouleau de musique, soit à son bras un petit sac vide ou ne contenant que le peigne, la chemise de nuit et la serviette d'usage. C'est un « en cas!... »

L'autre soir, je vous ai montré deux amies, *la paire,* qui pour attirer l'attention des étrangers, posent en se qualifiant de comtesse, baronne, et parlent une sorte d'argot ayant la prétention de ressembler à de l'anglais.

Il n'est pas rare d'entendre des filles parler les langues anglaise, allemande, russe, espagnole, italienne et citer les mots d'esprit de nos meilleurs auteurs ; elles spécialisent *le levage* de l'étranger agréablement séduit par la rencontre d'une femme qui le comprend et avec laquelle il traite facilement.

Je ne veux pas oublier la fille qui traîne au bout d'une longue laisse un petit chien maladif, à cause de l'eau-de-vie qu'on lui fait avaler sous prétexte de l'empêcher de grossir ; il se tient à peine sur ses pattes et s'entortille en criant autour des jambes des passants. Ce nouveau moyen de s'amuser sert surtout à créer la liaison d'une heure ou d'une nuit.

Les filles mères qui racolent des hommes en tenant leur bébé par la main, sont les plus difficiles à mettre en état d'arrestation. Si un agent, après avoir constaté à leur charge de nombreux actes de racolage, tente seulement d'interpeller l'une d'elles, il est aussitôt hué, bafoué et battu par le public qui, sans savoir au juste ce dont il s'agit, s'empresse de crier qu'on arrête une honnête mère de famille.

Les boulevards ne sont pas toujours très éclairés ; sur leur parcours on y trouve des endroits obscurs, notamment la partie comprise entre la rue Basse-du-Rempart et la place de la Madeleine. A partir de neuf heures du soir, un essaim de filles coiffées en cheveux se prennent par la main et barrent le passage aux promeneurs. On ne passe pas, disent-elles, sans choisir sa *rameneuse*.

L'hiver, le travail sur la terrasse disparaît et rien n'est plus curieux ni plus honteux à examiner en détail que l'intérieur des cafés et des brasseries à femmes.

La fortune, l'âge, le rang, sont confondus dans cette société qui *s'amuse* et tous les genres de prostitution y sont représentés.

Le vieil habitué a *son coin*, il salue de la main les filles au fur et à mesure qu'elles arrivent et donne son avis sur les nouvelles *débarquées*, il leur offre des consommations en s'informant du cours de la bourse de Cythère.

Au fond, parmi les groupes bruyants de

femmes on remarque souvent un joli garçon
rempli d'entrain, mis avec une élégance de
mauvais goût et couvert d'un chapeau mou ; il
est là dans son élément, boit, fume, réprouve
les *mouchards* dont il fait partie et prône la
liberté individuelle dont il abuse pour casser
les reins aux hommes refusant les faveurs
de sa *rouleuse*. C'est le souteneur. Sur un signe
convenu de l'une des filles il sort, sans payer
les consommations, pour être remplacé par
un type sérieux (1). Il ne reviendra qu'au moment de la fermeture du café rejoindre sa maîtresse si toutefois elle est disponible.

Près du comptoir l'aspect change, ce n'est
plus le souteneur vantard, hâbleur, mais le
jeune homme à l'air timide, embarrassé ; il
porte la main à son gousset, le tâte, le soupèse
et voit avec une certaine inquiétude le nombre
des consommateurs s'augmenter. Autant l'autre
semblait avoir d'autorité *sur ses amies*, autant
celui-ci est mené par les siennes ; cajolé quand
rien ne va, oublié *si les affaires reprennent*,
il passe ses soirées dans une alternative de
bonheur ou de tristesse sans oser se plaindre.
C'est le petit amant de cœur que ces filles *se
payent* l'une après l'autre.

Lorsqu'il veut montrer un peu d'énergie,
sa préférée lui rappelle l'heure à laquelle sa
famille l'attend pour le coucher, c'est une
manière de l'obliger à quitter l'établissement,
et elle lui donne rendez-vous pour le lende-

____

(1) Homme payant généreusement les femmes.

main, à domicile, en l'absence du type sérieux.

Tout autre est le Monsieur faisant l'assaut des filles avec son beau linge, sa fine chaussure et ses gants irréprochables. Toujours exact, il arrive, chaque soir à la même heure, s'offrir aux regards du côté le plus avantageux pour sa personne. Il a le soin d'avoir près de lui un petit banc qu'il place sous les pieds de sa voisine en disant au garçon : « Servez ce que madame désire » et, par un signal, il indique son intention de payer la dépense. Il représente le débutant posant à *l'homme du monde.*

Le vrai boulevardier, le *roublard,* traite cavalièrement les filles ; vous l'entendez dire à celle qui finit par lui plaire : « Allons, ne fais pas ta tête, les affaires ne vont pas, sois bonne fille, je te donne ún louis, voilà ce que je peux faire pour toi. Si cela te *botte,* arrive ; garçon, payez-vous et faites avancer une voiture. »

Quelquefois un ouvrier, légèrement pris de boissons s'égare dans une de ces maisons ; il cherche, il veut imiter le *gandin.* Repoussé par les garçons, il en résulte des scènes burlesques pendant lesquelles les filles lui répondent insolences pour insolences, jusqu'au moment de son départ.

Si, au contraire, c'est un étranger qui se présente, le malheureux ne voit pas le vide se produire autour de lui ; il devient l'objet de l'attention des filles : appelé par ci, tiré par là, en butte à tous les quolibets et comprenant peu le français, il ne voit dans cet accueil qu'un échantillon de la farce gauloise et s'efforce de

rire en offrant à boire au ban et à l'arrière-
ban de celles qu'il vient d'amuser.

A l'intérieur des cafés à femmes, ainsi que
dans certaines brasseries modernes de la rue
du Faubourg-Montmartre, la première rangée de
tables est généralement émaillée de filles attendant du destin un peu de bien-être.

Les premières, placées non loin de la voie
publique, font des signes aux passants, les
secondes lisent un journal, les troisièmes grif-
fonnent un semblant de correspondance, et les
autres, *jacassent*, *grouillent*, racontant leurs
aventures, leurs mécomptes, leurs stages à
Saint-Lazare.

— Moi, s'écrie une farceuse, je sors du grand
hôtel de *Saint-Laz* où, par protection, je rem-
plissais la fonction de *réclameuse*.

— Réclameuse, répond son amie d'affaires...,
connais pas à Saint-Lazare c'te bête-là.

— Est-elle assez idiote. Réclameuse veut dire
sonnette, femme de service chargée de se tenir
à la disposition des sœurs et de répondre à leurs
appels.

Toutes se signalent, le *floueur* qui passe, le
poseur de lapin (1). Elles critiquent les toilettes
de leurs congénères, font des niches à leurs voisines, versent le restant des verres sur les banquettes, sur les chaises, et comme des habituées
de cabarets, boivent beaucoup, fument énormément et crachent partout.

(1) Individu refusant de payer une femme qui a vendu
ses faveurs ; par analogie aux jeux de tourniquet dans
les foires, où est exposé le lapin qu'on ne gagne jamais.

Pour le travail de la circulation dans la salle, chacune a son tour ; après s'être recollée une mouche et mis sur la figure une nouvelle couche de poudre de riz, commence la tournée de contrôle. Les consommateurs subissent leur examen. Les uns sont injuriés, bousculés, pincés, les autres, ceux qui se chargent de solder les dépenses, sont embrassés, et si les habitués refusent, le garçon est là qui fait crédit à ses clientes ou paye pour elles à la dame de comptoir. Les faveurs d'une nuit, un jour de congé, seront sa récompense en même temps que son remboursement.

A côté de cet assemblage de *galvaudeuses*, se forme de petits groupes moins mouvementés, sérieux, pratiques, *tout aux affaires*. On y entend parler d'hommes valant cinq louis, de soupers épatants, de mobiliers en bois des îles, de voitures, de chevaux et de diamants.

L'heure de la fermeture arrive, il faut sortir des cafés et des brasseries à filles, alors commence ce tohu-bohu général, qui met en marche le troupeau compact des prostituées. Les unes irritées de leur insuccès *braillent*, se disputent, s'insultent et s'arrachent, sur la voie publique, le passant attardé. Les autres, par principe commercial, préfèrent rentrer seules, au lieu de se livrer à un prix inférieur à leur cote habituelle. Quant à celles *gâtant* le métier, elles se liquident au plus *cher enchérisseur*.

Une chose digne de remarque, la *fille de boulevard*, si hautaine pendant le cours de la soirée, abaisse sensiblement le chiffre de ses faveurs ; à partir de neuf heures du soir, elle se vend au rabais ; de cinq louis, elle tombe à trois, à deux, à un et même moins. Celles sans argent, qui ont faim, et le nombre en est grand, se contentent d'une choucroute garnie ; celles qui n'ont point de domicile, acceptent l'hospitalité du premier venu ; celles enfin qui étrennent une toilette, ne refusent pas, s'il pleut, de se livrer pour la valeur d'une course de voiture.

Un spectacle plus répugnant a lieu, au moment de l'extinction du dernier bec de gaz.

Les filles qui ont *chargé,* comme elles disent, regardent en passant d'un air de pitié leurs camarades attendues par des personnes ne vivant que du produit de la débauche : c'est un souteneur, une mère, un frère, qui viennent chercher une maîtresse, une fille, une sœur, si la chance ne les a pas favorisées !...

Cette infecte population s'écoule lentement et se disperse dans les garnis et maisons des abords de la rue du Faubourg-Montmartre, tandis que la partie privilégiée, qui elle a *chargé,* va continuer sa nuit dans les restaurants autorisés à rester ouverts.

Sur les chaises et les bancs, le long des boulevards, viennent s'asseoir, au milieu des familles, des femmes surveillant le travail de *leurs fillettes.* On y voit également de jeunes ouvrières qui guettent leur amant au passage, en attendant l'instant favorable pour se lancer dans la circulation. A ces deux catégories se mêlent les *filles de rues,* affichant leur métier et stationnant comme les fiacres sur le bord du trottoir. Elles s'étalent sur des chaises, montrent leurs jambes et jettent leurs filets. Ce sont le plus souvent de vieilles filles *détériorées* par l'âge et la débauche, et tournant le dos aux promeneurs, afin d'éviter la lumière. Elles ont leurs habitudes, leurs manies. Après avoir dîné dans un restaurant à prix fixe, chacune reprend sa place de la veille et s'appuie contre le même arbre. On forme aussi de petits cercles, où se discutent les événements de la *corporation;* on y parle de la beauté, de a chance, du cours actuel, des nouvelles £l.es, et l'on classe les clients dans les bons ou es mauvais *à faire.*

Ces filles, dont certaines ont parfois cinquante ans, sont des spécialistes qui s'adressent *aux vieux.*

Elles campent de préférence sur le boulevard, de la rue Drouot au marché des fleurs de la Madeleine, endroits sombres où il y a des chaises. Si la plupart d'entre elles vivent au jour le jour, quelques-unes possèdent un petit avoir augmenté du casuel, et partagent le tout avec un jeune souteneur qui les rentre si aucun client ne s'est présenté.

Lorsqu'une fille est lasse d'être assise à la même place, elle en gagne une autre et, d'étape en étape, suit le flot des racoleuses qui se prolonge jusqu'aux Champs-Elysées, autre quartier général des prostituées et des pédérastes.

Champs-Élysées

Ici, les filles sont en colonnes serrées sur plusieurs rangs, c'est le flux et le reflux sur place, et les habitués des restaurants, des concerts, du Cirque, rencontrent à leur aller et à leur retour cette troupe féminine cherchant à prendre une position stratégique.

Il y a, comme dans la magistrature, celles assises et celles debout, chacune a sa manière de procéder, *sa ficelle,* et, à partir de dix heures du soir, le vice en permanence, dans toute sa laideur, prend possession des quinconces des Champs-Élysées, et le promeneur isolé doit se tenir en garde contre de singulières aventures.

Si l'imprudent se fourvoie dans la foule qui se forme autour des cafés-concerts, il en sort bousculé, meurtri, pour être saisi par des individus se disant inspecteurs de police et qui l'accusent d'un acte immoral. Il entrevoit une sotte affaire, une nuit passée au poste, comprend l'inquiétude de sa famille, redoute le ridicule et les commentaires malveillants qui en résulteraient, et c'est avec empressement qu'il accepte l'offre de le laisser en liberté moyennant une somme variant de dix à cinquante francs. Revenu à lui, il reconnaît avoir été la victime de deux *maîtres chanteurs.*

Si, plus heureux, ce même promeneur échappe à cette odieuse accusation, il verra, près du rond-point, s'approcher des individus aux mœurs dépravées qui lui glisseront à l'oreille des indications bizarres; puis, derrière le Palais de l'Industrie, dans l'avenue d'Antin, sur le cours la Reine, des filles le harcèleront en l'engageant à venir s'asseoir, soit sur un banc, soit aux pieds des arbres, pour y faire... une courte station.

L'homme circule encore au milieu de pareils scandales, mais la femme honnête aurait tort de se montrer sur cette promenade où elle peut compromettre sa réputation.

Passages

Par les temps froids, humides, les filles se réfugient dans les passages Jouffroy, Verdeau, de l'Opéra, des Princes, Saulnier, Brady, et lorsque les gardiens de ces passages, possédés de la manie décorative, veulent se montrer autoritaires, ils subissent les avanies des racoleuses ou se font bousculer par les souteneurs et les marchands de cartes transparentes, malgré leur uniforme fantaisiste et la présence de la pacifique épée qui doit servir à les défendre.

Certains passages, comme les squares, les jardins publics, n'étant pas soumis à votre juridiction, le personnel de la police, en dehors de la vindicte publique, n'intervient que sur des actes précis et d'après vos instructions, aussi les rôdeurs, les vagabonds, les mendiants, les filles se donnent volontiers rendez-vous dans ces endroits, dont la garde est généralement confiée à d'anciens militaires qui s'épuisent en infructueux efforts pour maintenir le bon ordre et la moralité.

Il est interdit aux gardiens de la paix de s'immiscer dans le travail des employés de la Ville, c'est ainsi que le palais de la Bourse dépend, pour la police, de trois différents services. L'allée de droite, en lui faisant face, est du ressort du gardien du square Louvois, le péristyle, l'intérieur des escaliers, les couloirs, sont placés sous la surveillance des garçons, et les abords extérieurs appartiennent à vos agents.

De tous les passages couverts, c'est sans contredit celui des Panoramas où l'industrie galante a pris sa plus ferme installation et fonctionne avec indépendance. Vous y avez vu de près, devant les étalages illuminés par la lumière du gaz, les prostituées, les souteneurs et les pédérastes. Cela tient à la disposition de ses galeries et mieux encore à son voisinage des rues Saint-Marc, Feydeau et des Panoramas, renfermant une quantité notable de maisons meublées.

Parfois l'envahissement des filles prend de telles proportions que les commerçants vous adressent une réclamation collective et demandant une solution immédiate, mais leur attitude au point de vue de la débauche est singulièrement changeante.

Vous vous rappelez ce scandale causé par

une fille d'origine étrangère, arrêtée à leur instigation. Ils la connaissaient pour la voir se livrer chaque jour, au racolage, et ils avaient appelé sur elle l'attention des deux gardiens. Son enlèvement fit du bruit, car la femme cria son nom à tous les échos de la presse.

L'autorité supérieure émue ordonna l'enquête traditionnelle, et par crainte d'être compromis dans une arrestation, dont ils avaient été les promoteurs, les commerçants rejetèrent toute la responsabilité sur les pauvres diables de surveillants. Ceux-ci, en effet, pour se conformer à leur désir, avaient montré cette fille aux inspecteurs, qui l'ont surveillé et vu jouer agréablement de la prunelle, *lever* un individu et sans aucune espèce d'hésitation, monter avec lui dans une voiture fermée. A son retour, une heure après, elle a recommencé ses œillades et c'est en sortant de la galerie Vivienne, suivie par un jeune homme, que se voyant prise elle s'est réfugiée dans l'hôtel, dont la gérante venait d'obtenir trois mois de prison et deux cents francs d'amende pour excitation habituelle de mineures à la débauche. Le commissaire de police du quartier avait, à la suite d'une visite de nuit, ramassé chez elle, six insoumises malades, et deux petites filles, âgées de 15 à 17 ans, précédemment détenues pour faits de prostitution.

Palais-Royal

Il ne reste pour ainsi dire rien de son ancienne prospérité, et cette promenade de prédilection pour les étrangers, si brillante autrefois, est devenue silencieuse. A midi, quand le soleil le permet, son petit canon produit encore assez de bruit, pour faire aboyer les chiens qui passent.

Le jardin et ses galeries, après avoir été mêlés aux grandes commotions de notre histoire nationale, ne vivent plus que de souvenirs, et si cela continue, l'ensemble du Palais-Royal aura bientôt la monotonie de la place des Vosges.

On le croirait frappé au cœur et la vertu ne lui réussit pas.

Il appartient, en titre, au Domaine ; mais il est administré par un syndicat composé de douze membres choisis parmi les commerçants, qui doivent prendre les mesures nécessaires au maintien du bon ordre et de la sécurité. C'est sur leur avis que le régisseur se charge, avec ses surveillants et le personnel de la police municipale, d'expulser des galeries et du jardin les femmes imitant sans réserve les traditions du passé.

Les souteneurs et les filles choisissent parfois le Palais-Royal comme centre d'opérations.

La dernière plainte reçue est signée par une

soixantaine de commerçants; ils déclarent que leur situation est intolérable. « Nos femmes, disent-ils, n'osent plus circuler sans se trouver en contact avec les racoleuses tenant à haute voix des propos obscènes et se faisant un malin plaisir d'accentuer davantage leur manière d'agir quand elles savent être désagréables aux gens susceptibles de les entendre. »

Ces mêmes signataires attirent également l'attention de l'autorité sur les vagabonds couchés le long des bancs, assis au pied des arbres. Enfin, ils se plaignent des bouquetières obsédant les personnes qui ont l'intention de s'arrêter aux vitrines de leurs magasins.

La dernière arrestation, opérée à huit heures du soir, a été pénible pour les agents et scandaleuse pour tout le monde. Il s'agissait d'une insoumise, laquelle, sous le péristyle Valois, joignait au racolage la vente de photographies malpropres. Lorsque les inspecteurs l'ont invitée à les suivre, cette fille s'est roulée sur les dalles en poussant les cris : « au secours, à l'assassin ».

Parmi les curieux accourus se tenait son souteneur, auquel elle a dit : *T'as de l'atout, en avant le ressort aux clignots des reniflettes* (1).

Les représentants de l'autorité s'empressèrent d'arrêter ce trop courageux protecteur. La fille courroucée reprit : « Va pour le *pétard* (bruit), les *aminches* (amis) joueront du *jaja* au

(1) Tu as du courage, jette du poivre aux yeux des agents.

patatro (se sauveront), et, s'étant relevée, elle s'est jetée comme une furie sur les agents, a frappé l'un, égratigné l'autre et a craché au visage de ceux qui voulaient s'approcher d'elle en s'écriant : « Misérables, canailles, mes *maquereaux* auront le temps de vous reconnaître pour vous crever. »

Les commerçants et le public, pendant dix minutes, ont assisté, calmes, paisibles, à cette odieuse scène, et plusieurs boutiquiers, au lieu de faciliter la triste mission des inspecteurs, blâmaient les arrestations réclamées par leurs confrères en disant que de pareilles mesures éloignaient les clients et, par cela même, causaient un préjudice réel à leur commerce. Pour eux, l'expulsion des filles, au nom de la morale, était la principale cause de la décadence du Palais-Royal, ressemblant aujourd'hui à un jardin sans fleurs.

Jardin des Tuileries

Il a fallu les réclamations incessantes de la presse pour obtenir un semblant de moralité dans les jardins des Tuileries, devenus depuis 1871 le rendez-vous d'une société fort peu recommandable.

L'Etat a loué ces jardins à la Ville de Paris avec la jouissance des statues, vases de marbre qui en complètent la décoration. Beaucoup de ces œuvres d'art y figurent depuis plus de trois cents ans et appartiennent au musée du Louvre.

Les rôdeurs et rôdeuses, sans autre raison que le malin plaisir de détruire, ont détérioré à coups de pierres, la plupart de ces valeurs artistiques, surtout dans la partie du jardin en bordure sur la rue des Tuileries.

Cette promenade réservée, d'où la réserve est exclue, se trouve à la merci des souteneurs qui dorment dans les fossés, s'étendent sur les pelouses, tandis que les filles ornent leurs cheveux de fleurs enlevées aux parterres, envahissent les bancs et s'offrent en spectacle aux amateurs.

Cet été, en tournée matinale, j'ai constaté, au milieu d'autres groupes, la réunion de onze souteneurs et filles couchés côte à côte. Le banc placé au milieu d'eux était absolument masqué par cet amas de chair humaine, et les jupes fripées des pierreuses servaient de draps à ces êtres cherchant, par un sommeil réparateur, les forces perdues la veille et nécessaires au travail à reprendre la nuit suivante.

Un si bel assemblage de mâles et de femelles, bien en harmonie, aux figures rapprochées, en relief, aurait transporté de joie un peintre réaliste. Deux vieux gardiens, décorés de la Légion d'honneur, reconnaissant leur impuissance, se rendaient leur tâche facile en regardant d'un œil paternel cet horrible tas de vermine : ils fumaient leurs pipes avec philosophie.

A gauche du grand bassin, en entrant par la

place de la Concorde, cette partie du jardin connue sous le nom de *Petite Provence*, est devenue une *Petite Pologne ;* la terrasse du bord de l'eau, vers les parages de l'orangerie, sert de refuge aux filles en rupture de ban avec le service des mœurs. Elles ne rêvent point là au retour du printemps et des hirondelles ; leur promenade n'a rien de sentimental, car elles se livrent à partir de cinq heures du soir à des actes instructifs et de la plus révoltante obscénité.

L'assainissement des Tuileries se continue ; il est, du reste, question de mettre en vigueur un nouveau règlement qui sera confié aux soins du service militaire des palais nationaux.

Le concours des agents ne fera pas défaut, quand il s'agira de faire respecter les bonnes mœurs pour rendre à l'avenir cette promenade agréable aux honnêtes gens.

Le Luxembourg

Si le bois de Boulogne sert à réunir les personnes riches, oisives, honnêtes et vicieuses, pour faire assaut de toilettes et de modes nouvelles, le bois de Vincennes possède ses artilleurs, le Palais-Royal ses étrangers, les Tuileries ses nourrices, ses bonnes d'enfants, le Jardin des Plantes ses savants, ses provinciaux, et le vieux jardin du Palais Médicis a l'heureux privilège d'avoir la jeunesse des écoles.

La mère ne peut pas toujours, comme à l'ancien théâtre Comte, y conduire sans danger sa fille, surtout les jours de musique militaire. Le jardin du Luxembourg a cependant sa terrasse, son parterre à l'ouest, qui représente le côté sérieux, celui où se tiennent les familles.

Selon leur position topographique dans Paris, les endroits publics sont plus ou moins pourvus de filles. Le jardin du Luxembourg a les siennes escortées par les exploiteurs de la débauche.

Commissaire de police du quartier de l'Odéon en 1868, 1869, 1870, je pus constater que cette promenade avait, comme aujourd'hui, ses racoleuses, auxquelles il fallait toucher le moins possible pour éviter de donner naissance à une manifestation de la part des étudiants. « Agissez avec beaucoup de circonspection, écrivait M. Piétri à ses fonctionnaires, un effet moral vaut mieux qu'un acte matériel. »

Les instructions de cette époque sont restées les mêmes. Une fille arrêtée dans le jardin du Luxembourg ou sur le boulevard Saint-Michel, disait récemment le chef de la police municipale, peut amener du scandale. Et pour sauvegarder sa responsabilité, il ajoutait : M. le préfet n'en veut à aucun prix.

Les étudiants profitent de la faiblesse inexcusable de l'autorité pour se substituer aux agents des mœurs, ils veulent purifier *leur* jardin, pour en faire, sans doute, le séjour de la vertu.

Les mères de famille, habituées de cette promenade, ne sont jamais aussi tranquilles qu'au moment des vacances. c'est-à-dire en l'absence des soi-disant épurateurs.

Cette folle jeunesse, avec ses qualités, ses faciles entraînements, sa franchise et ses défauts, oublie parfois que le coin antique du quartier latin a perdu sa physionomie, son caractère spécial et qu'il est confondu maintenant aux autres parties de la capitale. La carte d'étudiant n'a plus sa raison d'être pour y circuler et *leur bal, leur jardin* sont devenus la propriété de tout le monde. C'est le résultat de la liberté de chacun sur la liberté de tous.

L'ancienne grisette de Murger était de moitié dans les joies et les misères des étudiants, elle savait aimer, le dire, le prouver sans souci de la morale ; en disparaissant, elle a fait place à la fille vulgaire, sotte, plâtrée, vénale, et cette fille, dès son arrivée, a présenté son accessoire, son maquignon d'amour.

Ils ont vraiment tort de se plaindre. MM. les étudiants, puisqu'ils acceptent, font vivre les caboulots, les brasseries à filles, et que le boulevard Saint-Michel, dans sa partie comprise entre le boulevard Saint-Germain et la rue Soufflot, a été baptisé par eux du titre significatif de « Marché aux veaux » ; c'est donc en plein centre de leur domaine qu'ils tolèrent l'amour tarifé avec sa population flottante. Leur « Marché aux veaux » devient désert à l'époque des vacances.

Où les filles pullulent, les souteneurs abon-

dent, et malgré cela, ceux-ci ne sont pas toujours faciles à flairer; tous ne portent pas la
casquette traditionnelle et le foulard multico-
lore; les uns se coiffent de chapeaux ronds, les
autres de chapeaux de haute forme, et ces
derniers se trouvent répandus dans toutes les
classes de la société.

Les jeunes moralistes du quartier Latin, se
croyant en pays conquis, sous prétexte de chasser les souteneurs qui *lupanarisaient* leur bal,
leur jardin, frappent sur de paisibles promeneurs, leur paraissant suspects, et jettent à
l'eau d'inoffensifs citoyens.

Ce triste jeu, cette démonstration sans portée
produisent néanmoins des scènes tumultueuses;
la jeunesse aime le tapage, en profite, pour
troubler le repos public, s'organise en bande,
crie, casse sur son chemin les carreaux des
boutiques et brise les tables, les chaises, la
vaisselle, les verres des limonadiers.

Pour couronner d'aussi brillants exploits,
elle entonne le chant de la *Marseillaise,* comme
si elle venait de délivrer l'Alsace et la Lor-
raine.

Le lendemain, on solde les dégâts par des
quêtes, des souscriptions et je n'ai pas besoin
de dire le nom du plus généreux donataire.

Si les étudiants faisaient leur examen de
conscience avec autant de soin qu'ils en mettent à passer leurs examens de droit et de médecine, ils deviendraient plus réservés.

Pour arrêter les souteneurs, il faut commencer par les filles; mais dans le jardin du

Luxembourg comme sur le boulevard Saint-Michel, grâce à leur maladroite intervention, cette mesure restera aussi difficile à exécuter que s'il s'agissait de refaire la virginité de leurs maîtresses devenues les concubines du public.

Jardin des Plantes

La rue des Ecoles et le boulevard Saint-Germain relient le jardin du Luxembourg au jardin des Plantes. Entre ces deux larges voies se trouve le square de Cluny, faisant face à une agglomération de vieilles bâtisses comprises dans les rues de la Harpe, Saint-Jacques, de la Parcheminerie, Saint-Séverin, Zacharie, Galande, du Fouarre et des Anglais.

A travers ce dédale de rues tortueuses, étroites, malsaines, au centre de ruelles fangeuses, sans lumière, sans air, grouillent des filles ne voilant pas leurs vices sous des dehors hypocrites. Contaminées, sales, couvertes de vêtements indescriptibles, laides, osseuses, les cheveux en broussailles, parfois grisonnants ; elles font, malgré ce manque de séduction, et, avec leurs yeux brillants par l'ivresse, le caprice de garçons maçons, terrassiers, balayeurs, clients assidus des cabarets de ce milieu spécial, unique en son genre, et, qui va bientôt disparaître des plans de Paris.

Les plus jeunes de ces traînées, les moins sales, les mieux vêtues, vont durant le jour racoler au jardin des Plantes, lieu qui a le privilège d'attirer les diverses classes de la société, en charmant tous les âges.

Avec ses galeries, contenant le dépôt des richesses de la création, il a sa ménagerie, institution assurément populaire.

Aux prostituées de la place Maubert, de la barrière d'Italie et du marché aux chevaux viennent s'adjoindre une quantité de malfaiteurs connaissant par expérience cet asile, à l'abri de la police, et qui possède la faveur particulière du public.

Un observateur, dans cette foule si variée, trouverait le type féminin qui domine sur toutes les autres habituées des parcs, jardins et squares de Paris. Cette figure est celle de la bonne sans place, vicieuse, ennemie du travail et amie des bêtes. Au Jardin des Plantes, elle est à peu près certaine de rencontrer un pays, une connaissance, et de ne pas rentrer seule au logis.

Involontairement cette catégorie de filles donne naissance à l'apprenti souteneur, gamin de douze à seize ans, auquel des parents, par insouciance, laissent une liberté trop absolue.

Ce qui se passe sur la voie publique est loin d'être sain, moral, pour la jeunesse; c'est le plus souvent une école de dépravation où elle apprend à pratiquer le vagabondage, la flouterie; à tutoyer le premier venu et à parler argot.

Au Jardin des Plantes, pour amuser les filles, se faire remarquer, montrer leur adresse, de jeunes polissons tuent à l'aide de chasse-pierres, les pigeons ramiers.

Sous prétexte de rigoler (c'est leur expression), au moyen de frondes ils crèvent les yeux des animaux. Une lionne de Perse et un ours blanc viennent d'être ainsi mutilés. L'autruche d'Amérique (Mandou) a eu le crâne défoncé et le renard bleu une patte cassée. Ces mêmes vauriens s'introduisent dans les parcs et ramassent les œufs provenant des palmipèdes.

Au labyrinthe, dont le point culminant sert de belvédère aux amateurs de belles vues, les surveillants ont surpris des couples enlacés... l'étonnement de ceux-ci dépassait leur confusion. Ne s'étaient-ils pas placés sous la sauvegarde de gamins vicieux chargés d'interdire le passage aux indiscrets ?

La promenade du Jardin des Plantes est celle qui contient le plus d'éléments mauvais et c'est la moins surveillée.

Les aberrés passionnels aimant la foule, la recherchant, se mêlent aux filles, et satisfont leurs désirs devant le palais des singes et la ménagerie des animaux féroces. Quant aux pickpockets, il est facile d'énumérer leurs exploits par la collection de porte-monnaie vides trouvés dans les massifs et les bassins.

Marché aux Chevaux

En sortant par la grille principale du Jardin des Plantes, sur la droite se tient, les mardis et samedis, le marché aux chevaux. Deux portes en facilitent l'accès. L'une réservée aux chevaux entiers, l'autre aux juments. Les chevaux hongres entrent indistinctement par les portes Saint-Marcel et de l'Hôpital, en compagnie des maquignons, souteneurs et filles.

Les prostituées racolent les gens de toute condition qui se rendent à ce marché et les conduisent dans les cabarets borgnes et les hôtels à la nuit en très grand nombre au treizième arrondissement.

Ce coin de Paris offre un aspect particulier : il ne manque pas de pittoresque au point de vue de sa population, formée d'un mélange d'honnêtes ouvriers et de malfaiteurs. Au delà, au milieu de nouvelles constructions existent de véritables bouges servant de refuges à l'écume de la société.

Grenelle a ses bonnes à soldats, la chaussée du Maine, la rue de la Gaîté, ses fausses ouvrières affectant un cachet de modestie ; l'ex-barrière d'Italie, la Butte-aux-Cailles, les boulevards de la Gare, de l'Hôpital, la place Pinel, les rues Nationale, Harvey, les Deux-Moulins, possèdent les plus dangereuses filles, toujours à la remorque de repris de justice prêts à faire la chasse aux valseurs (ivrognes) et à dévaliser les passants attardés. Ce vilain monde fraternise, et maquignons, voleurs, assassins, ne sortent jamais sans avoir, comme ils disent, leur *dogue,* leur *dague* et leur *digue* (chien, couteau, femme).

Centre de Paris

De l'autre côté du Jardin des Plantes, se trouve le pont d'Austerlitz, qui conduit à l'ancien passage d'Orient, situé entre les rues de Lyon et de Bercy. Cette voie particulière, d'une longueur de cent cinquante à deux cents mètres, est privée de surveillance et sert de refuge aux filles du quartier et à leurs gardes du corps. Les locataires, indignés de voir les agents en uniforme indifférents à leurs plaintes, se sont entendus, et le mois dernier, profitant d'une scène scandaleuse provoquée par la présence de souteneurs en état d'ivresse, ils ont, vers minuit, les uns armés de balais, les autres porteurs de vases remplis d'eau, opéré un nettoyage qui n'a pas duré cinq minutes. Ce groupe a disparu pour se reformer. rue Jules-César, point précis leur permettant mieux encore qu'au passage d'Orient de tenir en observation le boulevard de la Contrescarpe, l'avenue Daumesnil, la gare de Lyon et la place de la Bastille. A cet endroit animé, populeux, à l'ombre de la colonne de Juillet, monument triomphal, funéraire, sous les yeux du génie de la liberté tenant d'une main des chaînes brisées, de l'autre le flambeau de la civilisation, foisonnent les promeneuses aux ordres du public. Tous les âges sont représentés dans cette légion de filles, rien ne manque à ce comptoir d'échantillons, depuis l'enfant jusqu'à la vieille femme fourbue.

La prostitution s'exerce librement sur les trottoirs de la place de la Bastille et sur les boulevards Beaumarchais, des Filles-du-Calvaire et du Temple; elle y est banale et n'offre qu'un intérêt secondaire. Pour l'animer, souteneurs et filles dansent, de temps à autre, un quadrille accompagné de musique que les petits virtuoses du pavé exécutent.

Place des Vosges

L'administration a heureusement fait cesser les scandales qui se produisaient sur la place des Vosges. Plusieurs jeunes gens, après avoir soustrait de l'argent et des bijoux chez leur père et mère, avaient disparu en compagnie de filles beaucoup plus âgées qu'eux. Arrêtées, elles viennent d'être poursuivies, condamnées, pour détournement de mineurs.

Le jardin reste affecté au monde de la prostitution et l'un des membres du Comité d'hy-

giène appelle le concours de la police sur les
mauvais sujets qui, nuit et jour, y étalent leur
immoralité. La présence de cette triste population rend, dit-il, la promenade impossible aux
personnes désireuses d'y amener leurs enfants.

Les gourgandines et leurs défenseurs naturels, comme des cabotins en représentation,
offrent quotidiennement un spectacle nouveau.
Aujourd'hui, c'est une fille suivie de ses pareilles, se laissant traîner par deux souteneurs,
sous les arcades, d'un angle à l'autre de la
place, principalement à la sortie des écoles
communales. A un moment prévu, au milieu
de la course, elle est lâchée et opère une culbute impressionnable suivie de gros rires et de
propos orduriers. Ces mêmes traînées se roulent sur le sol, se tordent en poussant des cris
à stupéfier les paisibles promeneuses et simulent des crises hystériques n'ayant pour but
que de montrer leurs... jambes afin d'avoir
l'occasion de se faire frictionner par leurs compagnons habituels.

Du reste, des scènes analogues se passent
dans les parcs Monceaux; des Buttes-Chaumont, Montsouris, et dans les squares du centre
de Paris.

A la tombée de la nuit, la prostitution prend
un caractère aussi public que les jardins eux-
mêmes; les parties de cache-cache s'organisent
et les *coupables de profession* se permettent
toutes les impudeurs; seulement, selon le quartier, riche ou pauvre, les racoleuses et leurs
associés diffèrent.

Comme pour les passages privés, non reconnus par la Ville, la Police s'arrête aux grilles de ces propriétés appartenant à l'Etat, et c'est l'Etat qui se charge de leur entretien et d'établir le service de surveillance.

Ces endroits populaires sont devenus le réceptacle des gens sans aveu, des filles de mauvaise vie, qui, par leurs allures affichantes, tapageuses, leurs paroles déshonnêtes et leurs ébats érotiques, en éloignaient les promeneurs et les élèves des pensionnats.

Les gardes, ainsi que je le disais pour les jardins des Tuileries, ne sont pas assez nombreux. Braves, munis d'excellents certificats, trop âgés, ils ne peuvent, malgré leurs efforts, s'opposer à l'invasion des filles escortées de camarades masculins.

Il faudrait cependant débarrasser d'urgence tous les jardins de ces spectacles écœurants ; l'assainissement doit être général, il ne s'agit que de vouloir et de s'entendre. Le Préfet de la Seine a tout intérêt à se mettre d'accord avec son collègue, sans se soucier du Conseil municipal qui ne servira jamais de trait-d'union à ses deux ennemis dont il cherche à neutraliser les forces en attendant qu'il trouve le moyen de les anéantir.

A la fermeture du jardin de la place des Vosges, les filles se répandent rue Saint-Antoine, rue de Rivoli, jusqu'à la tour Saint-Jacques. Déployées en tirailleuses, vous avez beau chercher à les éviter en changeant de trottoir, elles finissent par vous saisir au passage, c'est la véritable chasse à l'homme.

Sur la place du Châtelet les bancs sont envahis par des repris de justice, des souteneurs qui attendent, la cigarette aux lèvres, le retour de leurs compagnes sortant de la visite, au dispensaire préfectoral, du quai de l'Horloge.

Près des Halles, notamment rues Aubry-le-Boucher, Quincampoix, de la Reynie, Maubuée, les filles et les souteneurs forment des groupes, on se dispute, on se bat, sans motif sérieux, des figures sont écrasées à coups de poing et quelquefois les couteaux s'ouvrent. A l'arrivée des gardiens de la paix ce vilain monde disparaît, aucun plaignant ne se présente et cependant il y a du sang de répandu.

A deux heures du matin, une fille insoumise a été jetée, par vengeance, dans une charrette de cultivateur, stationnant sur le boulevard Sébastopol, et malgré sa résistance, ses cris couverts par les hurlements des souteneurs, l'un d'eux, surnommé Zizi-Panpan, s'est livré sur elle à des actes de violence.

La rue de Venise

Lorsque nous avons à onze heures du soir longé la rue de Venise, son aspect vous a surpris ; et jetant un regard inquisiteur, vous pensiez voir un ennemi caché derrière chacune des portes donnant sur cette voie étroite, sinistre, sordide, aux pavés noirs, glissants. Sa vie ne commence guère qu'à partir de deux heures du matin, moment où les prostituées, ne se déshabillant jamais, se lèvent de leurs grabats, et s'apprêtent à recevoir les clients. La plupart légèrement ivres occupent d'anciennes boutiques transformées en cabinets remplis de rats monstrueux. Ces pièces, situées au rez-de-chaussée, prenant jour sur la rue, sont dépourvues de plancheset de carreaux ; privées d'air, de lumière, mal closes, les murs suintent l'humidité et la crasse. Malgré ce délabrement, ces taudis malsains se louent à des prix variant de trois à cinq francs par journée.

La rue de Venise est aussi peuplée d'individus travaillant la nuit aux halles centrales, en qualité de gardiens de voitures, porteurs, bouviers, enleveurs de détritus. Ils ne gagnent que quatre francs, mais ils reçoivent des pourboire en nature, tels que poissons, légumes, fruits, qu'ils échangent contre du vin ou les faveurs des filles soumises, leurs voisines, dont l'existence est comparable à celle d'un animal. En effet de leur sexe, elles n'ont plus que le nom, vieillies dans le métier, ces abjectes créatures, le rebut des filles, ne sont point traitées en femmes ; d'une obéissance passive, elles s'abandonnent moyennant cinquante centimes, un franc, rarement deux, aux fantaisies lubriques de leurs habitués, parmi lesquels il faut compter un certain nombre de maraîchers.

Si, pour les payer, l'homme manque d'argent, il laisse des denrées, et, jusqu'à neuf heures du matin, elles accumulent des provisions dans l'antre de décharge, dont une partie sert à les nourrir, et le reste est porté chez les marchands de vins et logeurs des rues de Venise et de Maubuée ; mais ce qu'elles préfèrent aux choux, carottes, pommes de terre, poissons, fruits, fromage, œufs, c'est le beurre, et quel beurre !... celui provenant du goûtage. Le goûtage consiste à plonger une sonde dans les mottes, et à sucer le morceau de beurre ainsi extrait, pour se rendre compte de sa fraîcheur et de sa qualité. L'acheteur crache le surplus de ce qu'il ne juge pas à propos d'avaler, et comme à Paris rien n'est perdu, quelqu'un le guette et ramasse le tout derrière lui. Les glaneurs s'attachent aux pas des goûteurs, et, la moisson faite, vont porter ce régal aux filles, en échange de menues pièces de monnaie. Celles-ci le remanient, le refondent et le vendent jusqu'à un franc cinquante centimes le kilogramme aux débitants de soupe à dix centimes.

L'amuseuse de la rue de Venise dépasse la quarantaine, et, comme sa camarade de la rue des Filles-Dieu, elle ne quitte son logis que pour aller boire, et se rendre à la visite deux fois par mois. Tombée au dernier degré de la prostitution, elle se conforme néanmoins, et cela d'une façon méthodique aux règlements du dispensaire ; la police des mœurs ne la surveille qu'au point de vue des relations qu'elle pourrait avoir avec de jeunes apprentis précoces, en assez grand nombre dans les rues Rambuteau, Simon-le-Franc et Quincampoix.

Les taudis de la rue de Venise sont très courus, mis à prix, par les filles passées au Sénat
de la prostitution.

Cette qualification indique la *vieille numérotée* (fille soumise, se livrant encore à la débauche, malgré son âge. Une fois locataire, la
fille met son *amour-propre à faire honneur à
ses affaires* et cela se résume à se procurer les
guenilles dont elle se couvre et à solder chaque soir le loyer. Les propriétaires sont d'autant plus exigeants que les postulantes attendent le local avec impatience.

Quartier Bonne-Nouvelle

De tous les quartiers de Paris, celui de
Bonne-Nouvelle, voisin des Halles centrales,
est le plus suivi par les prostituées. Cela tient
d'abord aux rues étroites, sombres, qui s'y
trouvent, ensuite à sa proximité des portes
Saint-Denis et Saint-Martin, enfin aux nombreux établissements où elles peuvent, non
seulement se réfugier, mais encore se livrer
à leur industrie.

Les filles isolées logeant en garni, les brasseries desservies par des femmes, les maisons
de tolérance, au nombre de dix-sept, dominent
aussi dans ce quartier, situé au centre des
affaires, et, le soir, toutes ces racoleuses s'emparent de la voie publique, se maintiennent

sur un périmètre assez restreint, de sorte que l'attention des habitants est attirée sur elles.

Ce mélange de filles explique leurs différents genres de racolage ; les unes donnent des coups d'ombrelles ou de parapluies aux passants ; les autres font des appels directs, en jetant de petits cris d'oiseaux. Sur le boulevard Bonne-Nouvelle, certaines posent pour le pied, en relevant leurs jupons le plus haut possible ; d'autres pour la main, en agitant continuellement un large éventail, qui dissimule la figure et la beauté de la marchandise. Celle-ci se couvre la tête de frisettes, celle-là se cambre pour mieux faire ressortir sa gorge, et toutes conservent sur leurs lèvres un sourire qui devient une grimace à force de servir.

Les procédés de racolage varient à l'infini ; il serait impossible de les dépeindre tous, cependant quelques-uns méritent encore d'être signalés en raison de leur caractère original, et pour démontrer combien la fille est tenace, industrieuse, combien elle étend son champ d'exploration quand elle veut arriver *à faire sa journée.*

Voitures, Omnibus

Il y a la fille modestement vêtue, ayant un petit paquet à la main, qui racole dans les omnibus. Elle ressemble à l'ouvrière allant livrer « au magasin » et parcourt le trajet de la Madeleine à la Bastille autant de fois qu'une voiture de cette ligne. Ses pieds, ses coudes lui servent d'auxiliaires, et, si un voyageur lui adresse la parole, elle saura descendre adroitement à la porte d'un café, d'un restaurant, d'un hôtel, où son voisin ne manquera pas de la suivre.

Gares de chemins de fer

Les salles des gares de chemins de fer deviennent, par les temps pluvieux, un refuge pour les filles n'accostant d'ordinaire les voyageurs qu'à l'entrée ou aux abords desdites gares.

Quand elles marchent par deux, on les désigne sous le nom de « ruttières », elles attirent alors les individus étrangers à Paris dans le but de les dévaliser.

Devant la cour d'honneur du chemin de fer de l'Est, à deux pas du poste de police, stationnent des filles ayant la spécialité de servir de pilotes aux nombreux émigrants de passage qui abandonnent l'empire d'Allemagne avec l'espérance de trouver sous un autre ciel une patrie heureuse et clémente.

Les salles de la gare du Nord servent de point de rendez-vous aux bonneteurs, qui,

aidés par des filles, racolent, surtout au
moment des moissons, les journaliers belges
regagnant le pays. Conduits chez des marchands de vins-logeurs, complices des filous,
ces étrangers compromettent leur santé et
perdent au jeu dit : des trois cartes, les économies de bien des jours de travail.

Mais, de toutes les gares, celle de Saint-
Lazare, par l'extension de son réseau, la multiplicité de ses trains de banlieue, est la plus
animée. Le racolage y reste en permanence.

Le commissaire spécial de la gare, avec le
concours des agents, a vainement tenté d'enlever des galeries d'accès aux salles d'attentes
la plèbe dont les agissements non équivoques
offusquent la grande majorité des paisibles
voyageurs. Deux jours après les opérations, les
insoumises restées libres retournaient dans
l'immense salle des **Pas-Perdus** et, d'un air
moqueur, saluaient de la main les agents des
mœurs.

Ces filles jouissent de la protection d'individus abonnés, dit-on, au train « des banquiers ».

Si, aux bois de Boulogne et de Vincennes,
elles sont protégées par les cantonniers, sur les
promenades publiques garnies de chaises, les
loueuses leur servent souvent d'indicatrices,
moyennant une légère rétribution, et, chose
incroyable, certains employés des gares agissent de même.

Trains de banlieue

Des filles que l'on peut appeler « ambulantes » prennent position dans les gares. Un petit sac à la main, elles vont, viennent, avec un air inquiet, embarrassé, et paraissent attendre l'arrivée d'un train. En réalité, elles ne cherchent et n'attendent qu'un compagnon de voyage. Après avoir exploré l'extérieur, l'intérieur, les galeries de la gare, elles entrent dans les salles d'attente et se décident à monter dans un compartiment de première classe, souvent celui réservé aux fumeurs.

L'usage des cartes d'abonnement à prix réduit, sur les lignes de banlieue, a créé ce nouveau genre de racolage pratiqué par les « wagonnières », qui font jusqu'à cinq et six fois par journée le trajet de Paris.

Les unes, d'un air naïf, préparent l'apprentissage des élèves externes, ou mettent à profit leur expérience consommée au service de vieux débauchés qu'elles entraînent dans d'hospitalières auberges, connues aux environs de Paris pour favoriser la prostitution.

Les autres clignent des yeux, ébauchent un sourire, mettent le pied sur le bord de la banquette opposée de façon à laisser voir le bas couleur de chair et la forme du mollet, puis, par des poses étudiées, révélatrices, provoquent habilement l'occasion de déranger leurs jupes

tout en cherchant à les arranger. Ces femmes-
là se contentent, sous un prétexte futile, de
donner ou d'accepter un rendez-vous.

Certaines de ces chercheuses de plaisirs ambulants agissent avec moins de discrétion ; elles
s'étendent sur les coussins et transforment les
voitures publiques en endroits privés.

Une spécialiste, sur la ligne d'Auteuil, pour
le prix de cinq francs, montrait aux amateurs
ce que, dans une expression imagée, elle appelait « le portrait de son banquier ».

Aux courses

Votre police des jeux a dû, Monsieur le
Préfet, vous mettre au courant des tripotages
qui se fabriquent sur les hippodromes subur-
bains. Ces sortes de réunions servent aux book-
makers, aux filous pour opérer en maîtres, sur
place et en pleine lumière. Cette même police
a également dû vous donner la clef du rébus
vous permettant de savoir avant le départ des
chevaux quel sera le vainqueur de la course.

Quant aux filles entretenues, séduisantes,
calculatrices, ambitieuses, elles font souvent
l'office de cochers ; c'est même leur meilleure
façon d'agir. Juchées sur le siège d'une voiture, elles toisent et comparent les aristocrates
de race et l'aristocratie de l'argent ; elles flairent, devinent les rastaquouères, les demi-

voleurs, les quarts d'escrocs, les souteneurs du grand monde, qui forment la majeure partie des parieurs. Ces fleurs d'alcôve, agressives, hautaines, réunissent sur les champs de courses l'agrément du jeu à la vie galante, et l'on commence à trouver que ce bataillon de la jeune et vieille garde, manœuvrant sous la conduite des *chevronnées*, a trop pris la place des honnêtes femme s

Hôtel des Ventes

Au milieu de ce gros public du *bric-à-brac* qui forme le fond des habitués de l'Hôtel des Ventes, circulent les filles venant chercher, surtout l'hiver, une température plus clémente que celle de la voie publique. Dans la foule compacte, elles manœuvrent avec leurs genoux et marchent systématiquement sur les pieds des gens oisifs. En s'excusant, elles finissent par leur emprunter cinquante centimes pour se rendre aux water-closets.

C'est une façon de racoler comme une autre.

Aux cimetières

Les maisons, les endroits où la foule s'amasse, se divertit, fourmillent à Paris; ils sont encore insuffisants à cette classe de filles se souciant fort peu des convenances et n'ayant pas le moindre respect dû aux morts. Profitant de la liberté des cimetières, elles s'y promènent et au besoin se couchent sur les pierres tombales.

Plusieurs ont été surprises en flagrant délit d'outrage à la pudeur, et cela prouve que la prostitution, au lieu de se condenser, s'étend partout comme une lèpre.

En parallèle à ces « pierreuses de la mort » voici la jeune veuve, en grand deuil, passant son après-midi dans les cimetières où elle traîne d'un air mélancolique une douleur imaginaire. Elle s'assied sur un banc et laisse, à l'occasion, tomber son mouchoir. Cette veuve, d'un mari qui n'a jamais existé, est une fille qui pratique, avec succès, le racolage à la compassion.

Au théâtre

Celle qui, au théâtre, loue sa place près des sorties trouve amateur dans les salles de spectacle de second ordre.

On entend souvent une conversation comme celle-ci :

— Pardon, mademoiselle, cette place est-elle occupée ?

— Non, monsieur, elle est aussi libre que moi.

La fille plus fortunée prend une avant-scène et n'y pénètre qu'au moment où commence la principale pièce. Son entrée fait sensation, elle se remue, s'agite, renverse les petits bancs, et une fois assise, adresse de l'œil un signe amical aux amies de la scène et de la salle. La bouquetière et les ouvreuses se chargent du reste.

Les tirelires

On appelle « tirelires » la racoleuse de plaisirs nocturnes que surveille son défenseur au coin de la rue ou derrière un kiosque. Elle attend, plusieurs heures consécutives, à la porte des cercles, la sortie de l'heureux gagnant qu'elle pourra *lever*.

Dans l'ombre, sous les fenêtres flamboyantes du tripot, la tirelire guette le récolteur d'argent.

Les voitures

Bien des hommes ont été victimes du racolage au *ver rongeur* exploité aux Champs-Elysées et sur la terrasse des établissements publics. Un étranger s'y laisse facilement prendre lorsque la fille assise soit à la devanture d'un

café, soit sur une chaise, le regarde amoureu-
sement. Persuadé qu'elle ressent pour lui un
certain désir, il s'approche, commence la conversation galante et finit par lui offrir la promenade en voiture. Cette voiture si imprudem-
ment offerte se trouvait là depuis longtemps,
car pour deux heures qu'il comptait s'en être
servi, le racolé est dans l'obligation de payer
vingt ou trente francs au cocher et cela au
moment où il allait monter chez sa racoleuse.

D'autres prostituées, aux abords des gares,
se tiennent dans des voitures dont les cochers
servent de complices. Un voyageur arrive,
croit la voiture retenue et va se retirer, mais
la fille lui demande de quel côté il se dirige et
toujours il arrive que cette direction est la
sienne. Comme il n'y a plus de voitures, elle
lui offre une place et le reste se devine. Le
tour est joué.

Ce ne sont pas seulement les racoleuses des
boulevards et des Champs-Elysées qui *le font à
la station,* on voit souvent des fillettes attendant que de vieux dépravés viennent s'asseoir
près d'elles.

Mineurs des deux sexes. — Bouque-
tières. — Théâtres. — Écoles

Nous voici, Monsieur le Préfet, en présence
de la prostitution précoce, immonde, et pénible
à la fois : celle des enfants.

Comme vos prédécesseurs, vous avez été surpris des plaintes sans nombre parvenues dans les commissariats de police au sujet des petites filles offrant des fleurs détachées aux consommateurs assis sur la terrasse des cafés.

Il est en effet démontré que ce prétendu commerce ne sert qu'à déguiser la mendicité, et chose plus grave, à faciliter la prostitution.

Nous avons ensemble vu les endroits spécialement signalés, c'est-à-dire les boulevards Montmartre, des Italiens et Saint-Michel. De dix heures du soir à minuit, les agents chargés de nous suivre ont établi que vingt-trois bouquetières, âgées de huit à douze ans, nous avaient offert des fleurs, et quatre-vingt-deux filles majeures, un marché qui n'a rien de commercial dans le sens absolu du mot.

Le lendemain de cette excursion, vous avez donné à votre chef de la police municipale des instructions précises afin de faire cesser un pareil état de choses. Le soir même, onze de ces petites marchandes, prises en flagrant délit de racolage, se trouvaient réunies dans vos bureaux.

Examinées médicalement, toutes ont été reconnues vierges.

Par vos soins, elles furent paternellement interrogées. Ayant gagné leur confiance, elles nous racontèrent leur manière de procéder, sans vouloir cependant désigner les personnes qui leur inculquaient ces leçons du mal, doublées d'ignobles spéculations.

Cette effrayante, si profonde immoralité, vous a sérieusement ému... Vous avez appris que ces marchandes de fleurs et de plaisirs, très avancées pour leur âge, faisaient concurrence aux filles et joignaient à leurs petits talents l'art non moins intéressant d'entraîner surtout les vicieux vieillards dans de sottes et vilaines aventures. Elles ont, ou plutôt on a organisé pour elles, un système de chantage des plus simples.

En présentant la rose volée dans les cimetières, elles sollicitent la promenade en voiture. Celle-ci, à peine en marche, les stores encore libres, ces jeunes fleurs de péché réclament de cinq à vingt francs, selon l'âge et la mise de l'individu. En cas de refus, et avant de permettre la moindre privauté, elles déclarent qu'étant mineures, au moindre cri leurs frères, qui suivent les voitures, vont venir les délivrer. La peur s'empare du monsieur, il s'exécute, arrête le cocher et, la portière ouverte, les gamines sautent dans les bras de jeunes gens, aux allures de souteneurs, auxquels en riant, elles remettent le résultat d'un séjour de cinq minutes en voiture.

Il est certain que les individus malpropres, si peu dignes d'intérêt, victimes de ces petites effrontées, auraient tort de se plaindre.

Ce futur gibier de Saint-Lazare, porte comme enseigne les cheveux étalés sur le dos ou des nattes ornées d'un ruban ponceau. Il a déjà le sourire sur les lèvres, la mine éveillée, le regard provocant et se montre, circule hardi parmi les filles et la foule, surtout aux concerts dans le jardin du Palais-Royal. Il est dressé à la mendicité, au vol, au chantage, à la prostitution par d'infectes parents qui habitent les quartiers excentriques de Paris.

Cette forme de prostitution est la plus écœurante, la plus honteuse de toutes, il serait urgent de prendre des mesures pour anéantir une bonne fois la plaie de la jeunesse mendiante et impudique. Il faut frapper ferme, longtemps, et ne pas craindre de remonter à la source de cette dégoûtante dépravation.

Déjà la loi qui défend le travail de l'extrême jeunesse dans les manufactures n'est pas applicable aux enfants exhibés sur les scènes théâtrales ; j'ai vu des féeries où ils remplissent des rôles d'amoureux, et les spectacles auxquels ils assistent sont loin de servir d'école à la morale et à la vertu. Le parlé est facile, le geste libre ; mais les parents, à de rares exceptions, occupent un emploi au théâtre et peuvent exercer une surveillance sur eux. Du reste la question, à leur sujet, est encore pendante et doit sous peu recevoir une solution. En attendant, grâce aux nouvelles mesures ordonnées, les pères de famille peuvent désormais laisser leurs enfants revenir seuls du lycée. Les abords des collèges sont enfin assainis par suite de l'arrestation des marchands de photographies obscènes et de ces rôdeuses qui, fatiguées de s'adresser exclusivement aux hommes d'expérience, en étaient arrivées à détourner les externes et les demi-pensionnaires.

Après les différents genres de racolages, objets de réclamations incessantes à l'autorité, on verra par ce qui précède et va suivre les difficultés que le personnel des mœurs surmonte pour arriver, sans trop de scandale, à maintenir un peu de morale sur la voie publique.

Où commence la prostitution ? où finit-elle ? Personne ne le sait. Elle s'étale ici, là, plus loin, ailleurs, partout. Du trottoir, elle monte s'afficher aux fenêtres des entresols galants, et sur beaucoup de maisons parisiennes, à côté du numéro, il serait aisé de fixer une pièce de monnaie, d'or ou d'argent, indicatrice du prix d'entrée chez les femmes.

Les fenêtres

Certains coins de rues sont très recherchés par les racoleuses ; cela tient au mouvement de la population. Pour les obtenir, elles imitent le chiffonnier qui prend possessesion d'un carrefour et chasse les camarades voulant rôder trop près de *ses tas d'ordures*. Comme lui, elles adoptent un endroit, se cotisent, s'entendent avec les concierges dont le concours leur est garanti par les profits.

Il arrive cependant qu'une fille étrangère à cette combinaison s'aventure sur le terrain où ses congénères ont établi leur quartier général, aussitôt entraînée, prise aux cheveux, battue, on la force d'abandonner la place.

Ce que j'avance pour la voie publique s'applique aux logements occupés par les filles. Par leur disposition, leur situation ou leur clientèle, il y en a qui constituent de véritables fonds de commerce. Les fenêtres de ces logements sont visées, attendues, primées.

Je connais une cinquantaine de ces locaux dont le mobilier n'a jamais varié et qui a toujours été revendu, parce que la maison bien située, les fenêtres supérieurement en vue servaient d'enseigne permanente, bonne à faire *monter le client.*

Dans les rues et faubourgs Saint-Denis, Saint-Martin, beaucoup de ces logements ne sont loués qu'aux filles en carte ; elles se les cèdent moyennant trois, quatre ou cinq mille francs.

Que de marchands de vins, charbonniers, logeurs, fruitiers, couchent dans la boutique et sous-louent leur propre chambre d'une manière exorbitante !

Lorsque ces pièces sont *achalandées,* elles deviennent le point de mire des filles et toutes emploient des moyens inavouables pour arriver à en devenir titulaires. Ceci explique pourquoi chambres et logements sont loués à des prix fantastiques.

Voici la copie d'un acte d'engagement, la forme reste invariable en ce qui concerne les petits locaux.

« Entre les soussignés :

» 1° M. B... et demoiselle R,..., *son épouse,*
marchands de chiffons, demeurant ensemble à
Paris, rue...

» D'une part ;

» 2° La demoiselle D..., sans profession,
demeurant à Paris, rue...

» D'autre part ;

» Il a été dit, fait, convenu et arrêté ce
qui suit :

» M. et Mme B... louent à la demoiselle D...
qui l'accepte une chambre éclairée sur la rue...
au premier étage de la maison portant le n°...
dont les époux B... sont principaux locataires.

» La présente location est consentie par les
parties moyennant une somme fixée par eux
que la demoiselle D... s'oblige à payer aux
époux B... tous les jours, au matin et d'a-
vance.

» En cas d'actes scandaleux, bruit troublant la
tranquillité de la maison ou de non paiement
même d'une seule journée de loyer, la location cesse d'elle-même, et sur un simple avertissement verbal des époux B...

» La preneuse devra le lendemain évacuer les
lieux sans avoir besoin d'aucune poursuite judiciaire ni aucune signification écrite.

» Il est expressément convenu que la demoiselle D... occupera seule ladite location, toute
présence d'autre femme lui est interdite à
moins de nouvelles conventions.

» En cas de séparation à l'amiable, la partie

qui se retire devra prévenir deux jours à l'avance sans autre formalité.

» Telles sont les conditions des parties pour être exécutées de bonne foi et d'honneur.

» Fait double à Paris, le...

» Approuvé :　　　　　　» Approuvé :
　» Signé : B...　　　.　　» Signé : D...,»

Les mots bonne foi et honneur forment là un accouplement bizarre, on se demande ce qu'ils ont de commun sur des actes signés par de pareilles gens?

L'écrit, comme on le voit, ne mentionne pas le prix du loyer, car il varie de trois à dix francs par journée, selon le temps, la saison et les événements politiques.

La moyenne pour cette pièce est de six francs, ce qui constitue déjà un loyer annuel de 2.192 francs, et voilà plus d'un demi-siècle qu'elle est affectée au même usage.

Sur des carnets en possession des contractants, on place la somme payée et reçue.

En réalité, la chambre ne compte pas, la fenêtre seule a de la valeur, et se cote.

Dans les rues de la Chaussée-d'Antin, de la Victoire, Saint-Lazare, de Provence, au lieu de chambres et de petits locaux, ce sont des appartements qui par leur situation sont loués de cent à mille francs par mois, toujours payés à l'avance.

Les quittances relatives au paiement du mobilier, et les actes d'engagement sont fictifs, la contre-lettre seule est valable, et renferme exactement les conventions débattues et approuvées.

Le tapissier de *ces dames* touche vingt fois le prix de l'argent qu'il a déboursé pour l'installation d'une *cocotte*.

La fille n'a qu'un rêve : Quitter la maison de tolérance où elle est exploitée par la maîtresse pour se mettre chez elle ; mais une fois ce rêve réalisé, elle se trouve exploitée par tout ceux qui l'entourent. Même en ne regardant pas au prix, elle n'a pas le droit d'être difficile pour son logement ; mise en possession du local, il faut solder le propriétaire, qu'il vende des chiffons, rue Mouffetard ; du charbon, rue Quincampoix ; des meubles, rue de Cléry ; des objets de toilette, rue des Martyrs, ou des bijoux fourrés, rue de Provence, tous sont les premiers payés, et l'on sait comment !

Ces marchands interlopes, pour qui l'argent n'a point d'odeur, ont peu souci de la morale publique. Je m'en expliquai avec l'un d'eux et sa réponse fut celle-ci :

« Je tiens à remplir ma caisse, et la fille rembourse mes non-valeurs. »

Par mesure administrative, aucune racoleuse ne doit se montrer à la fenêtre, et cependant les *psst! psst!* se font entendre aux oreilles des passants.

Pour avoir l'air d'obéir aux règlements, la fille des bas quartiers de la ville procède ainsi :

A la jalousie, à demi-relevée, elle attache, au moyen de rubans multicolores, de petites boules de jardin. Sur le bas de la croisée, et jusqu'à la hauteur de la barre d'appui, elle place des fleurs, des oiseaux, arrangés de façon à laisser un vide pour montrer sa tête, et, assise sur un tabouret bas carré, elle invite par signe les amateurs à lui rendre visite.

Au centre de Paris, près de la gare des chemins de fer de l'Est, rues d'Alsace, de Metz, faubourgs Saint-Denis, Saint-Martin, du Temple, les prostituées se montrent aux fenêtres avec moins de retenue. Les unes fument des cigarettes, portent des étoffes voyantes conventionnelles entre elles et leurs clients ; par gestes et de la voix elles font des appels directs. Les autres, à la belle saison, prennent l'habitude de se mettre à leur aise toute la journée : en chemise, les seins nus, sans se soucier du passage des femmes et des enfants, elles se tiennent assises sur le bord des fenêtres, et à l'aide de la bouche et des doigts exécutent des manœuvres ne laissant aucun doute sur la nature de leur travail.

Le soir, l'éclairage exagéré commence par la lampe, garnie d'un abat-jour écarlate, vert ou bleu, placée sur un guéridon le plus près du carreau. Les couleurs de l'abat-jour indiquent aux habitués la position momentanée de la fille.

La moindre fenêtre rapporte de 30 à 100 fr. par jour, mais cela oblige le racolage à outrance, ce qui scandalise les voisins et motive des plaintes. Les agents veulent opérer des arrestations, mais les filles prudentes ont le soin

de mettre aux battants des fenêtres de petites
glaces disposées de façon à voir venir la police. Ce qui leur permet de prendre le temps de
se cacher soit dans les caves, soit chez des voisins complaisants et intéressés. Leurs portes
sont aussi pourvues de trous afin d'observer de
l'intérieur ce qui se passe sur le palier. La plupart, dans la crainte d'un danger pour leur
liberté, refusent d'ouvrir à l'autorité. Si cependant elles sont surprises, ce qui arrive assez
souvent, sous prétexte de se vêtir, elles se
déshabillent, et, nues, disent aux inspecteurs :
« Emmenez-nous, maintenant, si vous l'osez! »

D'une manière ou de l'autre, elles finissent
par être conduites vers le Dépôt et les punitions infligées deviennent plus sévères en raison de leur révolte.

Pendant les détentions, le loyer ne cesse pas
et pour se mettre en mesure de le payer, les
titulaires tiennent en réserve ce qu'elles appellent : *nos filles d'amour*.

A leur sortie, elles partagent le produit des
passades.

Nombre de prostituées possèdent plusieurs
locaux où elles vont quotidiennement recevoir
l'argent de leurs filles d'amour.

Il y a rue Saint-Denis, non loin de la rue
Grenéta, une fenêtre d'un petit logement qui
rapporte à sa titulaire de quatre-vingts à cent
francs par jour

Des surveillances spéciales ont permis en une
semaine de surprendre treize filles soumises.

La domestique, ancienne femme rayée du

registre, *sans nom* à cause de son âge (70
ans), se chargeait du recrutement. Le scandale
n'a cessé qu'après son arrestation.

L'enlèvement des filles se livrant au racolage
par les fenêtres offre de grandes difficultés ; la
plus importante consiste dans la présence chez
elle, d'enfants et d'animaux dont voisins et
concierges ne veulent pas se charger.

Les chiens, les chats, les oiseaux peuvent
être mis dehors ou en fourrière, mais les enfants, qu'elles peuvent conserver jusqu'à l'âge
de quatre ans, voilà le véritable obstacle.

L'humanité commande ici à la morale ou-
tragée, cela est si exact que le peuple, en matière d'arrestation sur la voie publique, se
tourne contre l'autorité en faveur de la fille-
mère se livrant à la prostitution, car beaucoup
de femmes se servent d'enfants comme d'accessoires et s'en font une égide au moment où
elles sont capturées.

Les deux faits suivants pris entre mille et
dans deux quartiers opposés serviront à l'établir.

La fille soumise T..., habitant la rue du Faubourg-Saint-Honoré, racolait sur l'avenue des
Champs-Élysées, tandis que sa bonne, derrière
elle, tenait par la main un petit garçon âgé de
six ans.

Signalée et connue des agents, ceux-ci l'invitèrent à les suivre, sans bruit, au moment où
elle venait de remettre son adresse à un monsieur. Au lieu de se taire, elle cria, l'enfant
accourut et se jeta dans les bras de sa mère.

Dans ses protestations, elle oublia de parler de la domestique, sur laquelle cependant tout pivotait. Le public eut de la peine à comprendre comment elle pouvait, avec son petit garçon, jouant sous ses yeux, faire du racolage. Les inspecteurs devaient commettre une erreur et plusieurs individus les engagèrent vivement à en rester là.

Dans le parc des Buttes-Chaumont, en haut de Belleville, une autre femme en carte laissait sa fille, âgée de sept ans, jouer avec des camarades, tandis qu'elle racolait ostensiblement les promeneurs.

Un service de nettoyage fut demandé par le personnel de la Ville et motiva son arrestation. Aux cris de la racoleuse, l'enfant, dressée à ce manège, se mit à genoux et se cramponna en pleurant aux vêtements de sa mère. Les habitués du jardin formèrent le cercle et, sans explications, bousculèrent les surveillants et maltraitèrent trois Inspecteurs, qui furent obligés de quitter le parc. La foule hostile, grossissante, hurlait :

« A bas les mouchards, nous sommes chez nous, ils n'ont rien à voir ici. »

Ces enfants, placés en sentinelles, veillaient, protégeaient leur mère, et cependant ils sont moralement ou plutôt *immoralement* abandonnés. Le devoir de l'Administration n'est-il pas de les enlever sans retard à de semblables créatures ?

Le racolage aux fenêtres dans les beaux quartiers a une toute autre physionomie. Le

store, la jalousie disparaissent avec les fleurs,
les oiseaux, les boules de jardin ; c'est la persienne et le rideau de mousseline qui s'agite,
fonctionne et laisse voir le profil plus ou moins
accentué de la racoleuse.

Je citerai comme exemple la rue de la Victoire, dont beaucoup d'immeubles servent d'habitation aux femmes adonnées à la galanterie
vénale, et si propriétaires, gérants, concierges
ne se plaignent pas de leurs libéralités corruptrices, des voisins s'étonnent de ce que les scandales qu'ils signalent soit par lettres aux journaux, soit par réclamations collectives aux
autorités, continuent à se produire sans interruption, sous les yeux de la police impuissante,
comme on va le voir, à y apporter le moindre
remède.

Plusieurs médecins, avocats, magistrats prirent le parti de faire dresser par huissier des
procès-verbaux de constats.

En voici un extrait :

« L'an..., le...
» En notre cabinet, s'est présenté M..., avocat,
rue de la Victoire, lequel nous a exposé qu'en
face de son appartement se trouve la maison
portant le n°..., habitée à l'entresol par des
filles de mauvaise vie, lesquelles se mettent
aux fenêtres, soit ouvertes, soit derrière les
persiennes, dans un costume plus ou moins
convenable, et attirent des hommes chez elles
le jour comme la nuit ; que des clients se rendant chez lui ont été l'objet des appels de ces

filles, et que ce voisinage est devenu intolérable pour lui et sa famille ; qu'en conséquence il nous requiert d'avoir à nous transporter sur place à l'effet de constater ce qu'il avance.

» Obtempérant à cette réquisition, je, soussigné, me suis rendu, aujourd'hui, entre neuf et dix heures du soir, sur et au-devant de l'appartement occupé par M..., avocat, y étant arrivé, j'ai constaté ce qui suit :

» La maison portant le n°   de la rue de la Victoire, où se trouve l'appartement occupé par le requérant, a pour vis-à-vis la maison n° de la même rue. A l'entre-sol, il existe un local de deux fenêtres. L'une est ouverte, et de temps en temps une femme y apparaît en corsage rose et fait des signes aux hommes. Un monsieur passe, elle l'appelle en lui montrant la porte d'entrée.

» Sur une nouvelle réquisition, je me suis rendu à l'heure de la consultation de M..., médecin, rue de la Victoire. Je suis entré dans sa maison pour en sortir quelque temps après. En me voyant, la fille de l'entre-sol, dont j'avais déjà hier soir, remarqué les agissements, s'est mise à sa fenêtre : elle était vêtue d'un peignoir blanc, et m'a appelé du doigt, en m'invitant à venir chez elle. C'est en plein jour, à trois heures de l'après-midi, qu'un pareil acte s'est passé, et la *dame* devait être certainement aux aguets derrière ses persiennes entr'ouvertes, car je sortais à peine de la maison du requérant lorsqu'elle m'a, par signe, invité à monter. Je conclus que de semblables agaceries doivent

être adressées à la plupart des clients *hommes*
sortant de chez le médecin. »

Ce papier timbré fut envoyé au Parquet et le
procureur de la République, avec une lettre
explicative, l'adressa au préfet de police.

Les huissiers, par leurs constatations, avaient
avantageusement remplacé les agents des
mœurs, et l'on comprendra une fois de plus
encore, pourquoi ces officiers ministériels ont le
caractère si mal fait. La loi est formelle et les
oblige à instrumenter ; ils ne pouvaient donc
refuser cette mission de préservation sociale.

On voulut agir, réprimer ce scandale retracé
sur des feuilles coûtant cher aux victimes ;
mais avant de posséder la fille pour la mettre
dans l'obligation d'ouvrir ou de fermer complètement ses persiennes et de baisser ses rideaux
récalcitrants, je vais montrer l'œuvre administrative.

L'insoumise en question racole à sa fenêtre,
et des voisins se plaignent. Le commissaire
adresse son rapport au Préfet, qui le transmet
au chef de la première division. La bureau-
cratie s'en empare, forme un dossier, rédige
une note exigeant pour la signature son passage entre les mains d'au moins quatre chefs.
C'est la voie hiérarchique. Elle sort de la division, mais la Police municipale s'en saisit, l'en-
registre, la numérote, met son visa sous le nom
du fonctionnaire chargé de veiller aux bonnes
mœurs, avec ce mot souligné au crayon rouge :
urgent.

Des surveillances s'établissent, et, comme les huissiers, on constate que le racolage habituel ne cesse pas. Nouveau rapport demandant la délivrance d'un mandat. Ce document suit, malgré l'urgence, la filière ordinaire. Le dossier grossit; on le gave; il faut le nourrir, sans cela les employés ne vivraient plus. La signature du Préfet étant indispensable sur le mandat réclamé, la pièce reste trois jours en route avant d'arriver au magistrat opérateur. Il est vrai qu'au-dessus du mot *urgent* on a placé celui de *très*.

Le commissaire de police exige de nouvelles surveillances à l'effet d'établir le flagrant délit de racolage.

La fille est toujours présente et continue à se montrer derrière ses persiennes. On se décide à sévir, mais dix jours se sont écoulés.

Ce n'est pas tout. La situation va se compliquer.

Le commissaire arrive, sonne, resonne. Pas de réponse. Il frappe. Même silence. Les agents cognent alors énergiquement et les mots sacramentels : « Au nom de la loi, ouvrez! » se font entendre. Le silence intérieur persistant, le travail du serrurier commence; il farfouille la serrure l'espace de dix minutes, la met en désordre, et finalement, à l'aide d'un ciseau, enlève la gâche. La porte cède et le magistrat pénètre dans l'appartement, où *il* trouve la femme de l'entresol étendue sur le canapé et qui, en l'apercevant, lui dit d'un ton calme et sans prendre la peine de se lever : « Ma domestique est absente; je suis seule, un peu malade, et je ne voulais recevoir personne; vous venez de briser ma porte, et j'ai le droit de vous demander ce qui peut légitimer cette violation de domicile? »

— Mon mandat est impératif, répond le magistrat, et vous allez me suivre.

— Où cela?

— Dans mes bureaux et ensuite à la Préfecture.

— L'acte que vous commettez est arbitraire. Je ne vous suivrai pas.

— Nous allons voir.

Un brancart de secours est arrivé, on enveloppe la fille de couvertures, et comme une malade résignée elle se laisse conduire au Dépôt.

Le médecin du Dispensaire la reconnaît saine. On veut *l'inscrire d'office*, elle refuse son inscription, le bureau administratif passe outre et, dans le cabinet du Chef, elle déchire la carte et la met sous ses pieds.

Aucune autre mesure ne pouvant être prise à son égard, elle est rendue à la liberté, et le lendemain, rue de la Victoire, à l'entresol de la maison n°..., huissiers et agents pouvaient recommencer avec succès leurs deuxièmes constatations; à deux heures le peignoir blanc reparaissait et le soir le corsage rose.

Est-ce assez concluant?

Voilà pourquoi des ordres sont donnés pour laisser en repos les filles galantes de la rue de la Victoire.

Cette même fille, après avoir mis en mouvement avocats, médecins, magistrats, officiers ministériels, fonctionnaires, agents, serrurier, commissaires, gardiens de prison, devint un sujet de curiosité.

La mesure rigoureuse, arbitraire, inutile, prise à son égard, fit du bruit, lui concilia des sympathies, et loin d'éloigner sa clientèle, l'augmenta dans de singulières proportions.

Le médecin du Dispensaire ne venait-il pas de lui délivrer un brevet de sécurité?

Agée de vingt-cinq ans, assez jolie, bien faite, des cheveux chatains superbes, des yeux vifs, ouverts, et une bouche garnie de belles dents, tout cela formait un ensemble agréable, relevé par une certaine effronterie dans les gestes et la conversation. A ses réparties vives, heureuses, se mêlaient quelques pointes d'esprit.

Le chef de la police municipale, heureux de montrer son pouvoir à une nullité politique, dont le père était ministre, avait chargé deux agents des mœurs de se rendre chez cette femme et de la menacer d'une poursuite en abus de confiance. Grosse menace, car il ne s'agissait que de la séquestration momentanée d'un chapeau.

La lettre ci-après explique, sans le légitimer, cet acte particulièrement intime.

Si je transcris cette lettre en supprimant la date, les noms des personnes, c'est dans le but d'établir le rôle ridicule que des supérieurs naïfs font jouer à la police active.

« Monsieur Macé,

» Le chapeau que l'on me réclame n'est plus en ma possession, je l'ai envoyé au ministère. L'huissier, en examinant ma carte, a dit au commissionnaire : « M. le chef du cabinet » travaille au Sénat depuis ce matin, vous exi- » gez un reçu, le voilà, et j'y place à côté de » ma signature le timbre officiel. »

» Ce reçu, ma seule pièce justificative, je veux avant de m'en dessaisir, le porter à mon photographe.

» Vos employés en ont pris la copie et malgré cela, ils me menacent et veulent absolument rapporter un [chapeau; c'est l'ordre, paraît-il. Je n'ai plus sous la main que celui d'un garçon rôtisseur, l'amant de ma bonne, je leur remets, pour me débarrasser d'eux. et je souhaite que le réclamant puisse s'en servir pour continuer ses études de filles sur les boulevards extérieurs. Sa tête en forme de tirelire, coiffée d'un chapeau mou, aura du succès dans les bals publics.

» Je ne connais pas cet homme ; en venant chez moi, il a voulu faire parade de son esprit et je n'ai retenu de lui que son ridicule et son couvre-chef.

» Jugez-en : J'étais à ma fenêtre, *je ne racolais pas.*

» On sonne et ma domestique entre suivie d'un individu qui refusait de se nommer pour me surprendre, disait-il.

» — Que voulez-vous, lui demandai-je ?

» — Vous voir.

» — En bête curieuse ?

» — C'est un mot !

» — A votre choix.

» — Je poursuis mes études de femmes.

» — Et cela vous rapporte ?

» — Rien.

» — Vous êtes reporter ?

» — Quel horreur ! moi ? chef de cabinet *de papa,* un ministre.

» — Protestant ?

» — Non, opportuniste.

» — Enfin, que me voulez-vous ?

» — Je connais votre histoire d'enlèvement par un collègue.

» — Un autre fils à papa ?

» — Oui. — Vous le connaissez, c'est un crétin. il zozote et vous appelle *Uzénie.*

» — Vous pourriez ajouter qu'il est généreux et apprécie en financier la valeur du temps.

» — Je vous ennuie.

» — Passablement.

» — Alors vous n'êtes pas drôle tous les jours comme on me l'avait annoncé.

» — Confiez-moi votre chapeau.

» — Volontiers.

» Je sonnai, et remis cette coiffure à la bonne en lui recommandant de la mettre au vestiaire.

» — C'est une plaisanterie, reprit-il ?

» — Non, c'est vingt francs.

» — Vous commettez un abus de confiance; je connais le Code, prenez garde, j'ai des amis la Préfecture de Police.

» Puis, se radoucissant, il ajouta : Voyons, soyez gentille ?

» — Je ne demande pas mieux.

» — Rendez-moi mon chapeau ?

» — C'est vingt francs.

» — Vous oubliez que les agents des mœurs possèdent votre dossier et qu'ils veillent sur vous ?

» — Je ne vous ai pas appelé, vous êtes venu chez moi, pour voir si j'étais drôle et bien, jugez-en.

» J'exerce un métier peu avouable, j'en conviens, mais c'est pour m'enrichir et comme autorité je ne reconnais que la pièce de vingt francs.

» — C'est un parti pris.

» — Aussi pris que votre chapeau.

» Le chef de cabinet continua ses menaces et sortit en brandissant une canne à pomme d'or.

» Ceci est toute la vérité.

» Votre servante,

» Eugénie Z... »

Il n'y a pas que les propriétaires, gérants, concierges, qui exploitent les filles racolant par les fenêtres. Par besoin de se soustraire aux menaces de plaintes, et, sous prétexte qu'elles n'ont point de mal à gagner leur argent, la généralité prend l'engagement de s'approvisionner chez les fournisseurs voisins de *leur croisée*. Le boucher, l'épicier, le fruitier, le charbonnier, en profitent pour leur vendre à *faux poids* des marchandises plus cher qu'aux clients ordinaires. Le blanchissage d'une chemise coûte 4 francs, le repassage d'un jupon 6 francs, et la couturière d'en face, n'habillant que des bossues, lui impose sa confection.

Le marchand de vins surtout veut la fille attirant les consommateurs.

Une prostituée prise à sa croisée, me disait :

« Ma fenêtre s'ouvre sur un croisement de rues, et chaque maison possède un marchand de vins. Je n'ai obtenu ma tranquillité qu'en me fournissant chez les quatre traiteurs et cela me coûte en moyenne 5 francs par jour.

» Celui qui se plaint aujourd'hui a facilité même mon arrestation, il poursuit un but, il veut m'avoir seule pour cliente, sans m'indiquer le moyen de me mettre d'accord avec ses trois autres confrères.

» Ces industriels profitent de mon commerce, en me procurant des hommes dans leurs cabinets particuliers, et ils n'ont recours à la police au nom de la morale, que quand la débauche ne leur rapporte pas suffisamment. »

Il est intéressant, à la fin de cette première partie, de mentionner les points de la voie publique interdits aux filles ; ils comprennent :

1° Le pourtour des églises ou temples ; à distance de vingt mètres au moins ;

2° Les gares de chemins de fer et leurs abords ;

3° Les passages couverts ;

4° Les quais ;

5° Les ponts ;

6° Les squares ;

7° Les boulevards extérieurs ;

8° Toute la partie des boulevards, comprise entre la Madeleine et la rue Montmartre ;

9° Les Champs-Élysées dans toute leur longueur, ainsi que le cours de la Reine.

10° Le Palais-Royal, son jardin et toutes les galeries et passages y attenant ;

11° Le jardin des Tuileries, la place du Carrousel et la cour du Louvre ;

12° Le Jardin des Plantes dans toute son étendue ;

13° Le jardin du Luxembourg ;

14° L'esplanade des Invalides et la place Vauban ;

15° Les parcs Monceau, des Buttes-Chaumont et Montsouris ;

16° Les bois de Boulogne et de Vincennes.

Quant aux rues, lieux déserts, obscurs, où les filles ne doivent pas circuler, ils sont en si grand nombre dans Paris, surtout dans les quartiers excentriques, qu'il est inutile d'en faire ici le relevé.

Les prostituées se soucient fort peu de ces interdictions ; mais est-ce vraiment la peine de leur délivrer une carte professionnelle pour leur imposer de pareilles défenses ?

DEUXIÈME PARTIE

ÉTABLISSEMENTS FAVORABLES

A

LA DÉBAUCHE

Marchands de Vins

Vous n'ignorez pas, Monsieur le Préfet, que de tous temps la prostitution a trouvé ses principaux auxiliaires dans les tavernes, auberges et cabarets.

De nos jours, la taverne est devenue brasserie ; l'auberge, maison meublée ; l'ancien cabaret s'est transformé en café, restaurant, débit de vins, bouillon, crèmerie.

Parmi ces industriels, les marchands de vins, restaurateurs, crèmiers, entrent le plus dans l'existence des pauvres gens ; ils reçoivent, nourrissent une quantité de petits employés, un grand nombre d'ouvriers et d'ouvrières. Beaucoup d'entre eux sont de rudes travailleurs, ayant la conscience en repos et rendant de réels services à cette clientèle honnête, laborieuse, tranquille, qui forme le fond de la population parisienne.

Que leur importe la liberté absolue des débits de boissons ? n'étant jamais en défaut, ils aiment et respectent l'autorité. Les autres ne se contentent pas de verser à boire, de servir à manger, ils facilitent le jeu, l'ivresse, et offrent un sûr asile aux prostituées et à leurs souteneurs.

Après le décret du 29 décembre 1851, la Préfecture était parvenue à supprimer chez les marchands de vins le *cabinet noir*, servant à faciliter la débauche. Avec ce réduit fumeux, sale, auquel on accédait péniblement par un escalier tournant, obscur, le propriétaire réalisait d'assez gros bénéfices, il doublait aux clients amateurs le prix des consommations et imposait un franc d'entrée pour les frais d'éclairage, représenté par une bougie ou une chandelle.

Depuis l'abrogation de ce décret (18 juillet 1880), le marchand de vins, en reconquérant son indépendance, s'est multiplié, et son premier soin a été de réinstaller non pas le cabinet noir, mais la chambre *de passe*, cette fois bien éclairée, garnie d'un lit-cage, qu'il prépare aux racoleuses moyennant quatre francs l'heure. Le premier quart d'heure est fixé à un franc cinquante centimes.

Chaque centre de prostitution a maintenant ses marchands de vins, hôtels, restaurants attitrés, établissements spéciaux, difficiles à atteindre, car ils échappent aux lois et défient l'action de la police.

Lorsque les tenanciers de ces débits deviennent locataires principaux d'immeubles, ils s'empressent de convertir les logements en chambres meublées, et l'un d'eux a pris cette enseigne, appropriée à son commerce : « Aux enfants du hasard ».

Le quartier de Grenelle, par son voisinage avec les casernes de l'École militaire, de Babylone, du Gros-Caillou, a une très grande importance au point de vue de la prostitution.

Le général gouverneur de Paris, préoccupé de l'hygiène et de la salubrité des troupes, consigne aux militaires les établissements publics reconnus malsains et où le service est rempli par des servantes beaucoup plus nombreuses que ne l'exige l'aspect des maisons.

A part quelques exceptions, les marchands de vins-logeurs des rues Frémicourt, Cambronne, Croix-Nivert, occupent, en qualité de bonnes, des filles soumises et insoumises, qui racolent du matin au soir sur le pas des portes. Toutes sont affublées du costume de servante ; cela leur donne une apparence d'honnêteté et attire les soldats amoureux du tablier blanc.

La femme d'un débitant de l'avenue de Lowendal avait, parmi ses domestiques, une nièce, jolie blonde, ayant eu des passions suivies de malheurs ; chaque soir, elle se plaçait avec elle sur le trottoir, en face de la porte d'entrée de la maison, et invitait les amateurs à entrer.

Les agents voulurent intervenir en l'engageant à cesser un pareil racolage. Voici sa réponse ; elle est caractéristique : « J'ai le droit de servir d'enseigne à *ma bibine*. Ma nièce est majeure et tient lieu d'*allumeuse,* si vous m'…nuyez, regardez mon homme assis derrière le comptoir… Est-il assez solide? Croyez-moi, passez votre chemin et f…ichez-nous la paix. »

Aux environs des Halles, se trouvent des débits de vins, des crémeries, autorisés à rester ouverts la nuit ; cela est utile, nécessaire, humain, pour le nombreux personnel en activité et les travailleurs de la terre qui viennent souvent de fort loin apporter leurs fruits, leurs légumes à Paris. Ces braves gens, surtout l'hiver, avec le prix d'une consommation, se reposent en paix dans ces asiles ; mais il existe d'autres maisons où se réunissent les filles et les personnes débauchées.

Les cabinets situés au premier étage ne servent qu'à faire des passes ; ils sont garnis de chaises longues et de petits pouffs-crapauds qu'on n'a pas l'habitude de voir dans les restaurants honnêtes. Ces cabinets particuliers constituent le plus clair des bénéfices réalisés par les patrons.

La généralité des marchands de vins-logeurs recevant des filles en passe est hostile à l'autorité. En cas de recherches, presque tous cachent, facilitent le départ des individus sans aveu et des femmes de mauvaise vie. A l'occasion, ils leur délivrent des quittances de loyer et des certificats de complaisance et sans aucune

espèce de scrupule ils se prêtent à tout et vont
même jusqu'à signer des plaintes collectives
contre les agissements scandaleux des filles et
de leurs souteneurs.

Au cœur de Paris, rue Saint-Sauveur, les
habitants ont adressé une sérieuse réclamation. Il s'agissait de filles racolant des élèves et
des apprentis pour les entraîner dans certains
hôtels et cabarets de la rue.

Les réclamants disaient. Quel spectacle pour
nos fils? Que fait la municipalité? Que fait le
député? Que font les conseillers municipaux et
les citoyens faisant partie des comités en relations avec les élus?— Occupez-vous, Monsieur
le préfet, de la situation, elle mérite d'être
examinée. Agissez au nom de la liberté de circulation rendue difficile, au nom du commerce de
détail entravé, au nom surtout de la morale publique. Pour détruire cette vermine, fermez les
hôtels et cabarets interlopes des rues Saint-
Denis, Grenéta, Réaumur et Saint-Sauveur.

Six hommes, sous la conduite d'un brigadier,
furent mis à la disposition du commissaire de
police du quartier.

Les surveillances commencèrent et l'on cons-
tata en effet, que les filles par groupes s'adres-
saient particulièrement aux jeunes gens. L'une
d'elles emmena un enfant et lui fit boire un
verre d'eau-de-vie chez un liquoriste.

Au moment où les agents allaient opérer un
coup de sifflet retentit. Toutes les filles disparurent et allèrent se réfugier chez les débitants
de boissons.

La fille soumise qui avait bu avec le jeune apprenti fut appréhendée par un inspecteur des mœurs; mais celle-ci l'entraîna dans un cabaret dont le titulaire referma la porte, le verrou poussé il dit à l'agent : « Je vous connais, espèce de crapule, si vous ne lâchez pas cette femme réfugiée chez moi, je vous casse la g..... » Et s'armant d'une bouteille vide, il tira le verrou, ouvrit la porte et ajouta : « Filez vite et ne vous retournez pas. »

Des scènes à peu près identiques se passèrent chez ses autres confrères; et cependant tous avaient approuvé, signé la plainte demandant une épuration énergique dans l'intérêt de la famille et de la morale outragées.

Crêmeries

Il ne s'agit pas ici des crêmeries installées dans les rues tranquilles, sortes de petits restaurants à bon marché, utiles aux humbles, aux pauvres, où l'on sert souvent, faute d'argent, le veuf, c'est-à-dire l'œuf solitaire, ainsi que le qualifiait Charles Coligny.

Ces crêmeries sont respectables, respectées, et ne ressemblent en aucune façon à celles des quartiers populeux, avec le chocolat suspect et le *petit noir* à dix centimes fabriqué avec du vieux marc de café.

Si quelques ateliers de femmes, par les mauvais exemples, les conversations orgueilleuses, servent d'antichambre à la prison de Saint-Lazare, l'on peut dire que les crèmeries achalandées de voleurs à l'étalage, de filles et leurs associés, perdent les jeunes ouvrières paresseuses et amies du plaisir. Elles y font leur apprentissage, et plus d'une vierge sans amour est devenue fille derrière le rideau de cotonnade dissimulant à peine un endroit dépourvu pourvu de lit.

Certaines actrices en renom ayant aujourd'hui hôtel, chevaux, voitures ont eu, à la crèmerie, pour commensaux et premiers amants, des souteneurs camelots.

Cafés-Brasseries

Sur la ligne des boulevards de la Bastille à la Madeleine, on compte une centaine de cafés-brasseries dont la moitié sert de refuges aux racoleuses. Les dispositions locatives de ces établissements ne permettent pas toujours aux filles de s'y prostituer, néanmoins plusieurs d'entre eux possèdent des sous-sols et des chambres meublées.

Les sous-sols doivent être fermés à deux heures du matin ; en apparence ils le sont, en réalité les clients boivent, fument, jouent toute la nuit et l'on y voit de singulières choses.

La scène suivante vous édifiera :

La fille Aimée, connue par sa vie fantasque et ses cheveux rouges, s'est étendue sur le billard dans un costume primitif ; avec une pancarte sur laquelle on lisait : « A vendre sans... garantie ». Cet appel au plaisir, mis aux enchères, fut adjugé pour la modique somme de six francs à un jeune provincial, et le garde du corps, qui s'était improvisé commissaire-priseur, lui dit en la lui livrant : « Vous allez vous appauvrir en vous enrichissant d'une bonne... cocotte. »

Les chambres meublées contiguës aux cafés-restaurants sont louées à de riches particuliers qui viennent s'amuser à Paris ou aux jeunes gens des clubs désireux, à la sortie des théâtres, de passer, après souper, quelques heures avec leurs maîtresses. Les propriétaires n'y reçoivent pas le premier venu et les chambres ne sont occupées que par des personnages connus, discrets et habitués de la maison.

Le livre de police existe pour la forme, car il ne mentionne que des noms fantaisistes, parmi lesquels dominent les Durand, Martin, Dupont, Lefèvre et Gauthier.

Restaurants de nuit

Le vin, le jeu, les filles, la maladie et l'adultère, voilà ce qui constitue le fond des cabinets particuliers. En dehors du luxe et des prix de consommation, ils se ressemblent tous.

Le marchand de vins des faubourgs reçoit sur
un lit-cage les filles dépeignées, sales, et débite
sa boisson ordinaire au prix de deux francs la
bouteille, tandis que les restaurateurs des boulevards offrent aux filles méthodiquement garnies
de fard, des sièges capitonnés, et vend un louis
sa tisane de champagne.

Ce monde, composé d'industriels, de racoleuses, est souverainement malpropre.

Il y a quelques années, l'un de vos prédécesseurs voulut, Monsieur le Préfet, prendre des
mesures répressives en retirant les permisssions
de nuit aux maîtres de ces établissements nocturnes, mais des individualités appartenant à
la politique, aux arts et aux lettres, empêchè-
rent la réalisation de ce projet.

Les hommes de science seuls furent d'un
avis contraire.

L'enquête demandée était instructive; je me
souviens de l'effet qu'elle produisit en haut
lieu. Elle indiquait que, vers deux heures du
matin, les racoleuses du boulevard n'ayant pas
trouvé d'amateurs dans les cafés cherchaient
encore sur la voie publique à *charger* au rabais,
tout en se rendant aux abords des maisons où
l'on soupe. Ces endroits sont reconnaissables
par la présence à la porte du chasseur clas-
sique, soutèneur curieux et spécial en son
genre.

Les restaurants qui ont le monopole des
soupers présentent le spectacle de l'immoralité
la plus complète. Il ne faudrait pas croire qu'on
va toujours dans ces établissements pour man-

ger, c'est là une question secondaire ; on s'y
rend plutôt pour s'abandonner à tout ce que
la luxure peut imaginer. Dans les cabinets
surtout, la bestialité, l'abrutissement y laissent
des traces, depuis les glaces rayées par les diamants que les filles y essayent, en gravant des
dessins obscènes, jusqu'aux débris de vaisselle
que les noceurs entassent dans les caisses des
pianos en les arrosant de champagne.

La clientèle masculine se compose en partie
d'étrangers, Grecs, Anglais, Espagnols, Rou-
mains, Orientaux. On y rencontre aussi des
étudiants qui traversent les ponts pour *boulotter*
leurs frais d'examens, les fils de famille venus
à Paris manger d'avance leur patrimoine, les
dépensiers dont le bonheur consiste à gaspiller
une grosse somme à la fois, les mal équilibrés
menant la vie à outrance et qui se ruinent bê-
tement, salement.

Quant aux femmes, elles manquent rarement
un souper : ce sont les vraies *soupeuses,* des
spécialistes.

Ces filles se font payer leur addition par
l'homme le plus gris ; elles mangent à toutes
les tables, une côtelette par ci, un radis par là,
chippent un verre de vin plus loin et se composent un repas complet, léger supplément
à la modeste portion qu'elles prennent pour la
forme.

Les vieilles se font offrir à souper par une
jeune amie, en quêtant près des *beaux messieurs*
l'argent qu'elles ne peuvent plus obtenir par le
racolage.

On rit, chante, boit, crie, se dispute, tout se confond, c'est le tapage, le tumulte, la confusion ; les femmes se cotent ouvertement, c'est une exposition de chair humaine : on peut voir et tâter la marchandise. Autant les racoleuses chorégraphiques des bals sont sèches, maigres, autant la vraie soupeuse est bouffie, molle. *Viande de seconde catégorie*, disent les viveurs.

Le prix des soupers varie, et l'habitué paye moins cher que le soupeur d'occasion perdu au milieu de ces aliénés des deux sexes.

La femme qui a soldé sa dépense fait repasser une seconde fois l'addition à l'homme qu'elle *a levé* et va en toucher le montant au comptoir. C'est autant de gagné.

Les soupeuses se recrutent parmi toutes les catégories de filles. Le restaurant de nuit sert de dernier refuge à celles qui n'ont rien trouvé *à frire* au café, au théâtre ou au bal. C'est aussi la pierre de touche des prostituées, qui viennent là pour sonder les ressources de leurs clients en jetant, lorsqu'ils paient, un coup d'œil curieux dans leur porte-monnaie.

En dehors du groupe des soupeuses d'occasion, il y a un type particulier qui ne travaille qu'en mangeant.

Cette soupeuse, rentrée chez elle vers cinq heures du matin, dort toute la journée ; le soir elle se contente d'un bouillon, et après avoir procédé à une longue toilette, cherché des effets de lumière, elle arrive vers dix heures au restaurant comme une poupée sortie d'une boîte.

La véritable soupeuse en entrant sonde la salle du regard, toise les soupeurs et cherche si sa place habituelle est libre : c'est le point important pour elle d'être assise à une table savamment choisie, où le jeu des glaces, qu'elle a étudié, lui révèle ce qui se passe dans tous les sens ; cela facilite son travail. L'entrée au restaurant de cette soupeuse est une opération complexe, car elle cherche toujours à se faire remarquer. Avec ses fripes traînantes, elle s'avance à pas lents, joue nonchalamment de l'éventail et va se placer à son poste d'observation. Elle enfonce son bouquet dans le goulot d'une carafe, jette sur la table chapeau, vêtement, éventail, et quand le garçon a mis tout en ordre, la soupeuse à vendre ou à louer se décide à s'asseoir.

Le garçon, qui connaît ses goûts, ses habitudes et la clientèle, lui sert de reporter : il la met au courant de la situation en lui racontant que M. X... est parti la veille avec une femme ; qu'il avait du *poignon* (argent) et a payé double l'addition ; qu'enfin cette nuit les cabinets s'emplissent de *sujets sérieux*.

La soupeuse, pendant cette conversation, remet en place ses bagues, astique ses boucles d'oreilles avec le revers de son gant, s'assure que rien n'est dérangé dans son corsage, enlève enfin délicatement le noir qui a coulé dans le coin de ses yeux et passe le bout de son mouchoir sur ses ongles. Elle est décidément installée et attend à son poste les *propositions* en mangeant des hors-d'œuvre.

Le menu fretin des petites soupeuses procède avec moins de science; il s'éparpille à toutes les tables et se fait *blaguer*, éplucher, par les anciennes filles.

Les nouvelles recrues, favorisées, sont invitées à se restaurer, tandis que les autres se font servir, en attendant mieux, un plat bon marché, et une *demie* d'ordinaire, cela leur revient à trois ou quatre francs.

C'est à ces soupers que se révèle l'origine commune de ce genre de femmes. Peu d'entre elles savent boire, manger et tenir une fourchette. La plupart versent du vin à côté des verres ou par dessus les bords, mettent les coudes sur la table et les doigts dans la sauce.

Vers deux heures du matin, l'animation croît, les marchés se dessinent, chacun commence à être fixé sur le dénoûment, et les parties carrées s'organisent.

On vous demande au cabinet n°..., dit le garçon à la soupeuse modèle, l'une de ses protégées, si le client s'en rapporte à son goût.

La privilégiée quitte amis, souper, pour se rendre à cet appel, les voisins sourient, car ils comprennent, les voisines crèvent de jalousie et pour se venger, dévoilent les spécialités d'une rivale qu'elles auraient bien voulu remplacer. Devenir *femme de fond* ou *de hors-d'œuvre*, mettre les chemises luxueuses de l'établissement quand on n'est pas *manchotte*, cela constitue toujours une *excellente affaire*; et puis, il est si avantageux de disparaître ainsi, que les soupeuses, sans attendre qu'on les demande, vont faire *le coup des cabinets* en rôdant à la porte de ces petits réduits où s'ébattent les raffinés de la débauche qui n'auraient pas assez de liberté d'action dans la salle commune.

Vers cinq heures, le chasseur annonce l'arrivée des voitures et c'est lui qui tend la main pour éviter une glissade, une culbute aux heureux imbéciles emmenés par les filles et qu'elles ont eu le soin de griser le plus possible afin de mieux les dépouiller.

Les rangs des soupeuses s'éclaircissent, et sur les banquettes des refusées il ne reste qu'un rebut de filles engageant les derniers abrutis à venir chez elles à condition de solder le montant de leurs dépenses.

Le maître d'hôtel, l'âme de ce genre d'établissements, cravaté de blanc, fin comme un diplomate, empêche les maladresses, évité les indiscrétions qui pourraient surgir au sujet des actes se produisant dans les cabinets particuliers.

Celui dit des « adultères » a toute sa sollicitude; il sait ce qu'on y fait, il devine ce qu'on y dit; avec son air froid, il aide, facilite toutes les relations. Il connaît la femme donnant rendez-vous à son mari dans l'établissement même où elle va se livrer à son amant; pendant que le brave homme lit le journal au salon du rez-de-chaussée, cette bonne épouse est installée au cabinet des prédestinés.

A l'heure convenue, elle se rafraîchit par une couche de poudre de riz, passe par une porte de derrière et vient rejoindre son mari qui, le cas n'est pas rare, la trouve plus jeune, plus gaie, plus aimable que de coutume.

Il suffit de lire les journaux judiciaires pour se convaincre de la réalité de ce dernier fait.

On se rappelle ce prince de Grenade, surpris par ce mari jaloux dans le cabinet particulier d'un restaurant de la rive gauche ; la femme n'a pu s'échapper qu'en prenant le costume d'un marmiton de l'établissement.

Parmi les exemples de ce genre, celui-là suffit, il est de notoriété publique et je maintiens que les restaurants de nuit, dont la plupart représentent une valeur de plus d'un million, servent de points d'origine à bien des chantages, duels, suicides et assassinats.

Salles foraines

Les plus beaux marchés de chair à plaisir se tiennent dans les promenoirs de ces établissements où l'on exhibe tout un monde de saltimbanques, tels que clowns, géants, nains, gymnastes, dompteurs d'animaux, charmeuses de serpents, acrobates, athlètes et femme torpille.

Pendant que les maillots bigarrés, plus ou moins remplis, se démènent sur la scène foraine, des filles aux allures cavalières, ont, viennent, racolent et profitent de l'agglomé-

ration du public pour se laisser faire des attouchements interdits au bal le moins respectable.

Les promeneurs, le cigare aux lèvres, font
leur choix dans cette foire de Vénus à la cote,
plus commodément que sur la place publique.

On y entend prononcer à haute voix des propos de ce genre:

— Je suis veuve ce soir. Viens-tu ?

— As-tu de la braise, je ne... travaille pas à
l'œil. Epatant ce lupanar, il y a jusqu'à des
tantes. — Je remplirai mes obligations pro-
fessionnelles...

Ou encore ceux-ci :

— Je l'ai balancé carrément. Celle-là, mon
cher..., deux louis, mais... très chic... du
nanan.

— Soirée perdue... impossible de trouver...
même à l'heure,

Les filles de comptoir boivent avec les
hommes, surtout celles employées aux buvettes
des galeries, et les premières loges d'avant-
scène servent au besoin de « cabinet de
passes ».

Les prostituées inventent tous les moyens
de racolage.

Voici le dernier : Elles se mettent en lo-
terie en plaçant dans les encoches d'un bout
de bois semblables aux tailles en usage chez les
boulangers des billets au nombre de dix. La
plus jeune circule avec cette taille à la main et
place les billets en disant : *A vingt sous la jolie
boîte à ouvrage.* Un seul numéro indique le

nom, le prénom, l'âge, l'adresse et l'heure de la livraison. L'heureux gagnant ou le détenteur du billet peut s'offrir à bon marché une maîtresse encore trop coûteuse.

Bals

Avec Markowski, de son vrai nom Mayer (Joseph), mort de misère dans l'hôtel de l'Eure, rue du Vertbois, a disparu le lanceur de filles dans les bals de Paris.

Un vrai type, ce juif, sujet polonais, ayant porté son art à un si haut degré de fantaisie que M. Pierre Véron l'a baptisé de « danses vivantes ».

En dehors de ses salons interlopes, où toutes les femmes galantes de l'Empire ont passé, il a fondé une quantité considérable de bals, et celui de la « Grenouillère » est resté célèbre avec sa musique endiablée.

Les habitants sédentaires de Bougival, Chatou et Croissy en conservent encore la triste mémoire. Plusieurs jeunes filles ont disparu, et la mère de l'une d'elles est morte sur le coup en apprenant le départ de son enfant, enlevée par un valseur connu.

Les autorités de Seine-et-Oise passaient leur temps à prescrire des enquêtes au sujet de fœtus trouvés en Seine, entre les deux ponts, et, chose grave qui ne s'était jamais produite, deux enfants ayant vécu, l'un six semaines, l'autre deux mois, ont été ramassés, à une année de distance, sur les berges, non loin du bal de la « Grenouillère ». Les petits corps, carbonisés, avaient pour enveloppes des serviettes-éponges.

Markowski disait, en parlant du quadrille des Lanciers : « Voilà mon plus beau titre de gloire. » En était-il réellement l'inventeur? On lui a contesté cette paternité. En mourant, à l'âge de soixante ans, il n'a laissé que des dettes, après avoir remué des millions; quinze personnes suivaient son convoi.

Les bals qui passent pour être les mieux tenus n'en sont pas moins des établissements où les filles viennent pratiquer le racolage dans toute sa brutalité : on peut dire aujourd'hui que c'est là leur unique raison d'être.

Les racoleuses énumérées au chapitre précédent s'y rencontrent.

Les bals des environs de la place Maubert et de certains boulevards extérieurs ont leurs pierreuses, Grenelle, ses servantes de l'amour militaire, et Montmartre ses filles tirelires. Celles dépourvues de pantalons relèvent leurs jupes pour lancer la jambe à la hauteur de la tête. Il y a en dehors de ces diverses catégories la prostituée faisant son commerce au son de la musique, et qui se rend directement au bal vers dix heures du soir. C'est la fille professant le plus profond mépris pour les *galvau-deuses* payées comme leurs cavaliers pour danser en *épatant* le public.

Ces individus forment une variété curieuse
de souteneurs. Avec leurs belles moustaches,
leurs jolis yeux, ils semblent créés à l'usage
particulier des filles galantes. Les nuances
sont nombreuses et vont se dégradant.

Dans les bals de faubourgs, les souteneurs ou
goujons arrivent vêtus de longues blouses et
coiffés de la traditionnelle casquette de soie
dissimulant des cheveux plaqués, tandis qu'aux
bals *à la pose* les *dos-verts* imitent le gandin
par une mise élégante, des cheveux frisés et un
chapeau à la mode. La plupart de ces derniers
se disent artistes capillaires et exercent la profession si bien caractérisée de *M. Alphonse*. Ce
sont eux qui fournissent les clodoches chargés
d'animer la danse. Plein d'ardeur, ils s'agitent
au milieu de la foule qu'ils doivent mettre en
train. Le feu sacré du métier brille sur leurs
physionomies fatiguées par la débauche. Ces
espèces de maîtres de ballet conduisent exclusivement les danses compliquées. Si un quadrille s'organise, on les voit gesticuler pour
mettre chaque couple à sa place, ils vont, viennent, se multiplient et font sentir leur supé-
riorité aux habitués du bal qui les applaudissent. Avant que le premier coup d'archet se
fasse entendre, le souteneur, ou plutôt le clo-
doche en renom, toise le cercle formé autour de
lui, dégourdit ses jarrets par quelques mouvements gymnastiques, remonte sa culotte, con-
solide son chapeau et le voilà parti enflam-
mant l'enthousiasme de la galerie par ses *cavaliers seuls*, ses *grands écarts*, excitant sa

danseuse, qu'il félicite du geste sur *sa rémou-
lade,* son *présentez-arme,* enlevant enfin les
bravos, les hourras des appréciateurs d'un travail composé de gestes furieux, de mouvements
excentriques, d'entrechats périlleux exécutés
avec conviction et sans la moindre glissade.

Les filles lancées, les cocottes qui honorent
encore, comme elles le prétendent, les bals,
restent assises au-dessous des jets de gaz, non
loin des entremetteuses et de l'inévitable bouquetière.

Au café, les *veinardes* s'installent avec l'inconnu et les *rigoleuses* fument en donnant libre
cours à leur amour immodéré pour les liqueurs
fortes.

Si des mères imprudentes amènent leurs
enfants dans ces endroits, où la morale n'a pas
élu domicile, les propriétaires de bals en profitent en les laissant circuler et danser; il
arrive alors des scènes qui tournent parfois au
tragique, comme celle qui vient d'avoir lieu
non loin du cimetière Montparnasse.

En sortant du bal, un apprenti tourneur sur
bois, âgé de seize ans, a ouvert son couteau-
poignard et s'est précipité sur une fillette venant d'entrer dans sa quinzième année. Celle-
ci est tombée mourante dans les bras de sa
mère.

Ce précoce assassin, fanfaron de débauche,
s'est écrié au moment de son arrestation :
*Pourquoi donc qu'elle n'a pas lâché sa maman
pour coucher avec moi?*

Hôtels garnis

Les maisons meublées, comme les établissements de marchands de vins, ne servent pas tous de lieux d'asiles aux honnêtes gens, aux voyageurs ; et parmi les industriels qui vivent exploitant la prostitution, celui tenant la première place est le logeur à la nuit désigné par les souteneurs et leurs complaisantes moitiés sous le nom de *marchand de sommeil.*

Sur dix mille hôteliers, un bon tiers ne reçoit que des malfaiteurs.

Les quartiers Bonne-Nouvelle et Saint-Gervais sont principalement ceux où les maîtres d'hôtels louent des chambres aux filles moyennant cinq ou dix francs par jour, avec l'autorisation de ne commencer les signaux d'appels que vers le soir et d'une façon discrète.

Aux environs de la Bourse, près des passages Jouffroy, Verdeau, des Panoramas, des hôtels connus reçoivent des filles âgées de moins de quinze ans, et les propriétaires arrivent à réaliser une cinquantaine de francs par journée, rien qu'avec le produit *des passes.*

La police, difficilement armée, reste impuissante malgré les plaintes successives qui lui parviennent contre les maisons meublées, repaires de filles, de souteneurs, où la misère coudoie le vice, où le criminel s'entend avec la

prostituée, où l'enfant tue l'enfant, à l'exemple
de Lemaître, qui n'ayant pas seize ans, assassi-
nait en plein jour, dans une chambre garnie
du boulevard de la Villette, le jeune Schoëner,
âgé de six ans, qu'il venait de racoler sur la
voie publique.

Le tableau est vulgaire, mais ce qui lui donne
un triste intérêt, c'est l'âge des couples enfantins que l'on voit quotidiennement venir se
réfugier dans ces chambres de hasard ouvertes
à tout le monde.

L'autorité, lorsqu'elle veut agir, est faible,
timide ; après avoir enjoint aux filles soumises
d'abandonner les garnis pour se mettre, soit en
leurs meubles, soit en maison de tolérance, elle
recule en présence de l'attitude prise par les
logeurs et la mesure reste sans effet. Les racoleuses reprennent leurs anciennes habitudes, se
voyant soutenues, protégées par ceux pour qui
elles sont une source de revenus à laquelle ils
ne veulent pas aisément renoncer.

Avant de procéder à une visite de garnis, les
agents doivent s'assurer que les titulaires facilitent *habituellement* la débauche. Pour éviter
des surveillances coûteuses, inutiles, ils se
laissent racoler, conduire par les promeneuses
d'amour et en quelques heures ils sont ramenés
cinq et six fois de suite chez le même hôtelier.
Mais il est interdit aux inspecteurs de pénétrer
dans la maison, sans l'assistance du Commissaire de police et un mandat du Préfet. Il faut
aller requérir ce magistrat et à son arrivée le
flagrant délit exigible, nécessaire aux pour-

suites, que lui seul peut établir, a depuis longtemps disparu.

Le mal est profond, indiscutable, et provient
de l'instabilité ministérielle rejaillissant sur la
Préfecture de police.

L'unité de direction manque, comme la suite
dans les idées de réforme, et insensiblement on
arrive à la négation de l'autorité.

Voitures de place

Les marchands de vins et logeurs mécontents
de certaines visites, ne manquent pas d'opposer aux agents la partialité de la Préfecture, surtout quand celle-ci leur porte préjudice.

— Pourquoi, disent-ils, tolère-t-on les fiacres aux stores baissés qui font un si grand
nombre d'heureux par jour? Ces industriels
ignorent que l'hospitalité ambulante des voitures est considérée, au moins en cours de
marche, comme lieu privé; mais il est toujours
prudent d'y rester convenable.

Sous l'empire, un individu fut surpris en
société criminelle avec un petit garçon. Grâce
à la bienveillance de M. Piétri, l'affaire resta
sans suite, et le coupable, qui eût payé cet
instant d'oubli de tout son sang tint parole et

tâcha de se faire tuer pendant la guerre. Son héroïque conduite lui valut des honneurs auxquels il ne s'attendait pas, et il occupe aujourd'hui une situation politique honorable.

Sous la République, un spirituel député, futur ministre des beaux-arts, après un flirtage des mieux conduits, laissa dans une voiture de place son portefeuille et le *tutu* (1) de sa... promeneuse.

Le cocher déposa les deux objets à la Préfecture de police et reçut une large récompense.

L'heureux député refusa le tutu et reprit son portefeuille, bourré de lettres signées par ses électeurs réclamant la réalisation de promesses trop vite oubliées.

Elles sont nombreuses les histoires de ce genre. La plus drôle est arrivée à une *diva* d'opérette qui avait pris l'habitude de donner des audiences privées dans des fiacres. Chaque soir, vers huit heures, une nouvelle voiture, aux stores baissés, stationnant rue Albouy, intriguait les commerçants.

On pinça les amoureux. L'homme, un étranger appartenant au meilleur monde, fut interdit par l'ouverture de la portière, mais l'artiste s'écria en véritable gamin de Paris : « Pendant le lever de rideau, je m'entraîne, et crac... ça déraille. »

— Pourquoi choisir une voiture, répliqua l'agent ?

(1) Petit pagne en mousseline protégean ce que le jupon d'une danseuse ne peut toujours couvrir.

— C'est vrai, on y est si mal.

Arrivée au théâtre, la chanteuse raconta au commissaire de police de service sa mésaventure, compliquée par la perte d'un billet de cinq cents francs.

— J'avais, dit-elle, mis cette somme dans une partition de musique, et celle-ci a dû rester sur la banquette du fiacre, dont je n'ai pas le numéro, mais il est entre les mains des agents.

Le lendemain, l'actrice recevait à domicile, avec la partition de la « Fille de Madame Angot, » le billet perdu.

TROISIÈME PARTIE

BRASSERIES DESSERVIES PAR LES FILLES

J'ai la ferme intention de faire la lumière sur ces exploiteurs de filles leur servant de garçons, et de montrer à vif une de nos principales plaies de l'époque, sur laquelle, en vue d'une cautérisation prochaine, il n'est que temps d'appliquer le fer rouge.

Voilà plus de dix années qu'au retour de la saison printanière on éprouve le besoin de faire une sérieuse campagne contre les brasseries en général.

Au mois d'avril dernier, la question est revenue sur l'eau comme les bourgeons aux arbres, mais les brasseries de filles seules ont été visées.

La presse annonce la nouvelle, qui ne manque jamais de produire son effet sur le personnel féminin de ces maisons.

Sous la rubrique « Brasseries de filles », on lit périodiquement :

« Des avis officieux parvenus aux propriétaires des établissements, font prévoir dans un délai peu éloigné, la suppression complète des filles employées par eux. »

Certains reporters se croyant mieux informés que leurs confrères ajoutent :

« Voici les renseignements que nous avons pu nous procurer à une source certaine pour ne pas dire officielle.

» A la suite de nombreuses plaintes émanant de pères de famille, la préfecture de police a fait procéder à une enquête de laquelle il résulte que la fréquentation de ces tavernes constitue un réel danger, principalement pour la jeunesse des écoles.

» L'autorité serait donc décidée *cette fois* à sévir avec la plus grande rigueur, soit en interdisant par une mesure radicale l'emploi des femmes dans les brasseries pour les services autres que celui de caissière, soit en prononçant la fermeture de celles mal notées.

» Disons tout d'abord qu'un premier acte d'énergie a été accompli.

» Plusieurs tenanciers et tenancières de brasseries, où le service est rempli par des femmes, n'ont pu obtenir l'autorisation de conserver leurs maisons ouvertes pendant les nuits de bals masqués.

» Dès maintenant, nous pouvons assurer que le ministre de l'Intérieur et le Préfet de police se sont entendus et rédigent un arrêté supprimant les travestissements des filles en exercice dans les brasseries. »

. . . .

La population parisienne commence à trouver que *cette fois*, répété si souvent, ressemble à l'enseigne de ce légendaire barbier remettant constamment au lendemain le soin de raser gratis sa clientèle. Elle observe que ces accès de pudeur intermittente n'aboutissent jamais.

La plaie des brasseries devient dangereuse ; je la compare à un chancre envahisseur, véritable fléau pour les jeunes gens.

Cafés, Cabarets et Caboulots

Les cafés ont tué l'antique cabaret où nos pères se rendaient pour causer, chanter et boire.

Le caboulot a porté un coup fatal aux cafés dans lesquels on débitait spécialement cette agréable liqueur adorée par Voltaire, et toujours appréciée par nos poètes.

Les brasseries vont anéantir les cafés, les caboulots et ceux qui résistent encore deviennent de plus en plus silencieux et déserts.

Le caboulot est le produit des débits de boissons, sa création a pour but d'exploiter la vente des liqueurs, chinois et prunes, à l'aide de filles dites « de comptoir ».

En 1861, ils étaient dans leur période la plus active, ce qui motiva, le 19 septembre, l'ordonnance rendue par M. Boittelle, ordonnance bien anodine et qu'il est cependant nécessaire de reproduire ici, afin d'établir par la suite le chemin parcouru.

Paris, le 19 septembre 1861.

Nous, préfet de police,

Considérant qu'il s'est introduit parmi les débits de boissons existant à Paris, un genre spécial de liquoristes où les consommateurs sont servis par des femmes ;

Attendu, qu'il importe de soumettre ces sortes d'établissements à une réglementation et à une surveillance particulières ;

Ordonnons ce qui suit :

1° Les chefs des établissements ci-dessus désignés sont tenus de veiller à ce que les personnes qu'ils emploient comme filles de comptoir ne se fassent remarquer, ni par leur costume, ni par l'inconvenance de leur attitude, ni par des familiarités choquantes ou des provocations à l'égard des passants ou des consommateurs, ni en partageant les libations de ces derniers.

Ils seront tenus, en outre, de se conformer à toutes les prescriptions de l'administration

ur la disposition intérieure de leurs établissements.

2° Les filles de comptoir, en service dans
ces établissements, rentrant dans la catégorie
des ouvrières astreintes au livret, par la loi du
22 juin 1854, devront, dans le délai d'un mois,
se munir de ce titre de travail.

De cette disposition découle, pour les chefs
desdits établissements, l'obligation de tenir le
registre mentionné aux articles 4 de la loi pré-
citée et 8 du décret du 30 avril 1855.

3° Il sera dressé par le commissaire de
police de chaque quartier, pour être soumis à
notre approbation et arrêté par nos soins, un
état des établissements de liquoristes ou débits
de prunes et chinois auxquels seront applicables les dispositions qui précèdent.

4° Toute infraction aux dispositions de la
présente ordonnance pourra être suivie de la
fermeture de l'établissement, en vertu du décret
du 29 décembre 1851, sans préjudice des poursuites à exercer devant les tribunaux compétents.

5° Le chef de la police municipale, les commissaires de police et tous les agents de la préfecture de police, sont chargés, chacun en ce
qui le concerne, de l'exécution de la présente
ordonnance.

Le préfet de police,

Boittelle.

Il n'y a jamais de lois, de décrets, d'arrêtés,
d'ordonnances, sans voir surgir l'éternelle,

l'inévitable circulaire, prétentieux papier, sans aucune espèce de valeur en justice, et qui, au lieu de faire disparaître les inconvénients et les abus, a pour résultat de donner naissance à une source de conflits entre l'autorité judiciaire et l'administration. Voici celle relative aux filles de comptoir :

Filles de comptoir des débits de boissons dits caboulots.

Paris, le 19 septembre 1861.

A MM. les commissaires de police,

Messieurs,

Depuis un certain temps, il s'est introduit parmi les débits de boissons existant à Paris, un genre spécial de liquoristes, où les consommations sont servies par des femmes, dont le costume et l'attitude attirent l'attention du public.

Ces sortes d'établissements ont engendré des abus auxquels il importe d'autant plus de mettre fin qu'ils exercent une pernicieuse action sur la morale publique, et surtout sur les mœurs de la jeunesse.

Il n'est pas question dans la circonstance, ainsi que vous le verrez en vous reportant aux dispositions de l'article 3 de cette ordonnance, d'une mesure générale s'étendant indistinctement à tous les débitants de liqueurs, et susceptible d'apporter des entraves à ce commerce, alors qu'il se fait d'une manière convenable, mais bien d'une règlementation spéciale applicable restrictivement à cette catégorie d'établissements désignés vulgairement sous le nom de *caboulots,* établissements que vous devrez me signaler pour chacun de vos quartiers, et dont je me réserve, après examen, d'arrêter moi-même la liste.

Quant à la délivrance des livrets dont les filles employées dans les dits établissements doivent se munir, elle se fera sur le vu d'un certificat, pour obtention de livret conçu dans la forme ordinaire, et du consentement écrit des père, mère ou tuteur, lorsqu'il s'agira de mineures. Ces pièces seront adressées à ma préfecture (1re division, 4me bureau).

J'ai lieu de croire qu'à l'aide de ces diverses mesures et en y apportant une vigilance à la fois discrète et soutenue, mon administration arrivera à faire disparaître un abus qui tendait à s'accroître et qui devait exciter sa sollicitude. J'attache une grande importance à ce résultat, et je compte pour l'atteindre sur tout votre concours.

Veuillez dresser et me transmettre immédiatement l'état prescrit par l'article 3 de l'ordonnance dont il s'agit.

Le Préfet de police,
BOITTELLE.

La jeunesse, non encore ennemie de la joie et du rire, chansonna spirituellement M. Boittelle ; l'une des chansons commençait ainsi :

11.

Caboulottières,
Vives et légères...

Ces couplets n'ont point empêché l'exécution
de l'ordonnance, et je me rappelle qu'en 1869,
j'ai notifié à une soi-disant veuve X..., tenancière d'un *caboulot,* rue Monsieur-le-Prince, un
arrêté de fermeture motivé simplement sur la
facilité avec laquelle son établissement servait
de rendez-vous aux mineurs des deux sexes.

Ces caboulots, installés dans le genre du
débit de liqueurs connu sous le nom de « la
Mère Moreau », ne comportaient pas plus de
trois à cinq femmes ; elles étaient nourries et
gagnaient chacune six francs par jour. Elles
devaient se tenir debout derrière le comptoir
pour éviter les attouchements ayant un caractère d'obscénité. Je conviens qu'elles n'en faisaient pas moins un drôle d'apprentissage,
mais il leur était défendu de fumer, et elles ne
s'asseyaient pas encore sur les genoux des
consommateurs, comme cela se pratique actuellement. Les scènes dégoûtantes de nos jours
n'existaient point.

Le quartier Latin possédait à lui seul seize
caboulots, servis par une cinquantaine de
filles ; il y a de cela près de vingt années, et les
journaux de l'opposition se livraient à des
tirades contre ces sortes d'établissements sou-
tenus, disaient-ils, par la police désireuse de
corrompre, d'abrutir la jeunesse des écoles, si
avide de liberté. On accusait le gouvernement
d'aider à la démoralisation. L'Empire a dis-

paru ; il s'agit maintenant de voir le spectacle
d'aujourd'hui.

Brasseries, brasseries-billards
et
brasseries à filles

La brasserie ne s'est acclimatée à Paris que
vers 1860. Le service en était exclusivement
fait par des garçons. Sa véritable invasion
remonte à l'Exposition Universelle de 1867, où
elle s'est soudée autour de la bâtisse en fer
pour se propager ensuite et prendre des proportions véritablement fantastiques.

Ce genre d'établissement aux apparences
correctes a commencé par servir de lieu de
réunion au monde artistique, littéraire et politique.

A partir de 1868 jusqu'à nos jours, dans la
plupart des brasseries les filles ont remplacé
les garçons.

Cette transformation a surtout été rapide
sur la rive gauche de la Seine.

Des diverses statistiques établies pendant les
mois d'avril 1872, 1879 et 1882, il résulte
qu'en 1872, Paris possédait quarante brasseries
desservies par cent vingt-cinq filles.

Qu'en 1879 il y avait cent trente brasseries
occupant cinq cent quatre-vingt-deux femmes
réparties ainsi qu'il suit :

		Brasseries	Filles
Ier arrondissement.....		8	30
IIe —		8	30
IIIe —		8	67
IVe —		6	22
V^e —		18	83
VIe —		29	117
IXe —		8	28
X^e —		17	84
XIe —		16	92
XVIIe —		2	6
XVIIIe —		10	23
TOTAL.....		130	582

Les VIIe, VIIIe, XIIe, XIIIe, XIVe, XVe, XVIe, XIXe et XXe arrondissements étaient privés de maisons de cette nature.

En 1882, il ne restait plus que les XIVe, XVe, XVIe, XIXe et XXe arrondissements, dépourvus de brasseries de filles, ainsi que le constate la récapitulation suivante :

		Brasseries	Servantes
Ier arrondissement.....		7	36
IIe —		18	97
IIIe —		21	78
IVe —		5	37
V^e —		32	146
VIe —		36	156
VIIe —		4	1
VIIIe —		1	7
IXe —		11	47
X^e —		20	119

		Brasseries	Servantes
XIe arrondissement		12	71
XIIe — .:....		2	6
XIIIe —		1	2
XIVe —	néant	néant
XVe —	—	—
XVIe —	—	—
XVIIe —	3	12
XVIIIe —	18	65
XIXe —	néant	néant
XXe —	—	—
Total.....	181	881

Les IIe, V^e, VIe, X^e, XIe et XVIIIe arrondissements sont ceux où l'on trouve le plus de femmes au service des consommateurs, et les quartiers ci-après sillonnés particulièrement par des filles de débauche comportent :

Arr.	Quartiers.	Brasseries.	Filles.
IIe,	Bonne-Nouvelle......	12	60
IIIe,	Arts-et-Métiers........	8	70
IVe,	Arsenal (Bastille).....	3	30
V^e,	Sorbonne	24	115
VIe,	Odéon...............	22	106
XIe,	Folie-Méricourt.......	10	52
XVIIIe,	Clignancourt	17	65

Il existe actuellement deux cents brasseries se servant d'un millier de *verseuses*.

Lorsqu'une boutique est à louer, c'est une brasserie de filles qui en prend possession sous un nom des plus fantaisistes.

Ces maisons se multiplient et pullulent ; elles sont courues, appréciées ; c'est le goût du jour, car il s'en ouvre constamment de nouvelles.

Dans un intérêt de moralité publique, on chargea les commissaires de police de notifier aux propriétaires de cafés-brasseries en possession de billards d'avoir à les supprimer ou de renvoyer les servantes.

Des protestations surgirent contre les agissements de l'administration préfectorale, e‘ une feuille publique, ennemie de la police et cependant soutenue par elle, ouvrit ses colonnes aux intéressés.

. L'un d'eux imagina, pour tourner la difficulté, d'entourer ses billards par une cloison fixée au sol et à hauteur d'homme ; des portes, munies de serrure, servaient de fermeture.

Le service dans cet endroit spécial, clos mais non couvert, était réservé à des garçons, et une affiche placée sur les portes en interdisait l'entrée, non pas seulement aux filles, mais à toutes les femmes.

Cette ingénieuse organisation ne fut pas reconnue suffisante, et l'autorité supérieure persista dans la mesure qu'elle voulait prendre.

Le propriétaire s'inclina en disant :

« Je paye un impôt assez lourd pour avoir des billards qui, en résumé, me rapportent fort peu ; je vais retirer mes cloisons, vendre mes billards, me débarrasser de mes garçons et augmenter le nombre de mes filles qui ne me coûtent rien et rapportent beaucoup.

» Je cherche dans ce changement ce que la

morale et le gouvernement pourront y gagner ? »

A de rares exceptions, les brasseries même
servies par des garçons restent assez mal tenues.

Le matin et dans l'après-midi, on y rencontre des écrivains, des artistes, des employés
de bourse et de commerce ; mais, le soir venu,
ils cèdent la place aux escrocs, filous, souteneurs et agents d'affaires véreux. Les filles
soumises et insoumises demandent ouvertement des consommations aux clients et font le
racolage officiel jusqu'à l'heure de la fermeture, c'est-à-dire deux heures du matin.

Un étranger non initié au changement de
public serait fort étonné de la différence de
ton, de manières, de langage des habitués du
jour comparés à ceux de la nuit.

Installations, Costumes, Exhibitions
et Réclames

La création d'une maison de tolérance rencontre une série d'obstacles, et la plus légère
réclamation suffit pour refuser l'autorisation
demandée.

Autorisée, elle est soumise à de sévères règlements administratifs, accompagnés de surveillances soutenues et suivies de visites renou-

velées à toutes les heures du jour et de la nuit.

Son existence est sans lendemain, et l'on comprendra pourquoi des brasseries à femmes ont rapidement fait leur apparition. A l'égard de ces derniers établissements, l'enquête ouverte est dérisoire et les formalités à remplir sont simplifiées par une absence complète de règlements.Ayant le droit de s'installer partout, partout ils s'installent.

Les maîtresses de tolérance ont donc transformé leurs maisons, pour se soustraire à l'action de la Préfecture de police.

Des propriétaires, des principaux locataires, des commerçants s'opposent énergiquement à l'ouverture et même à la réouverture d'une maison de tolérance en criant au scandale, à l'immoralité; mais ils acceptent les yeux fermés la présence d'une brasserie agrémentée d'une enseigne plus ou moins licencieuse.

Je citerai l'exemple de ce pharmacien, ennemi par système des maisons de prostitution. Il était parvenu à force de plaintes', que ses voisins signaient par complaisance, à obtenir la fermeture d'un de ces établissements créé depuis cinquante ans et situé non loin de sa pharmacie. Le propriétaire changea la nature de son immeuble, les chambres furent mises en meublé, et dans la boutique il fonda une brasserie de filles.

Le pharmacien devint la première victime de ce changement. Son fils, âgé de dix-huit ans, après avoir longuement soulagé le coffre-fort de son père, partit à l'étranger en prenant pour

guide la première inviteuse de la nouvelle brasserie, une Allemande aussi blonde qu'il était
brun.

Sur les anciens boulevards extérieurs, les
petites maisons aux persiennes vertes, dont l'entrée est surmontée par de *gros numéros* placés sur
des carreaux dépolis, tendent à disparaître à la
suite d'un manque absolu de clients, ceux-ci ren-
contrant au centre de Paris ce qui leur est nécessaire. Les gros numéros sont remplacés par
des devantures de boutiques formées à l'aide de
fonds de bouteilles ou garnies de verres multicolores indiquant suffisamment le genre de
commerce qui se pratique.

Certaines brasseries sur divers points de la
capitale sont tellement rapprochées les unes des
autres que le public les confond avec de véri-
bles maisons de tolérance.

Si on pénètre dans l'intérieur de ces beuve-
ries, on se trouve en présence de tenanciers et
tenancières cherchant à se dépasser en se dis-
tinguant de maisons rivales par des modifica-
tions et des transformations successives qui
ont amené la brasserie à décors. C'est ainsi que
dans un cadre entourant un village flamand,
un intelligent propriétaire a pu réunir toutes
les distractions, tous les plaisirs.

La vaste salle du rez-de-chaussée est coupée
en trois parties, et les planches séparatives sont
dépourvues de porte, ce qui facilite les com-
munications.

La première partie est affectée à la table
d'hôte, la seconde contient les billards et dans

la troisième il y a un jeu de quilles dont les boules sont garnies de caoutchouc ne produisant aucun bruit.

Le sous-sol sert de salon pour les jeux et au premier étage une pièce pourvue d'un piano est réservée aux amateurs de musique, de chant et de danse.

Les filles circulent librement en se permettant toutes les privautés. Les clientes rivalisent de zèle avec les servantes.

L'immoralité ne connaît pas de limite, on se livre, à la suite de mots et de gestes obscènes, à tous les attouchements, à tous les écarts possibles dont les résultats ont pour but de pousser à la consommation en aiguillonnant les consommateurs.

Cette brasserie modèle a pour annexe indispensable un hôtel meublé tenu par un ancien maître de maison de tolérance.

Le personnel de la brasserie se compose de dix garçons et de douze filles.

Au principal comptoir est assise l'enfant du titulaire, une jeune fille de dix-sept ans. Elle fait partie du mobilier.

Dans le 5e arrondissement existe une autre brasserie servie par neuf filles, toutes locataires d'un garni en communication directe avec ladite brasserie.

Les verseuses invitent ouvertement les consommateurs à se rendre dans leurs chambres pour y passer quelques instants.

Au 6e arrondissement une brasserie a ses cabinets affectés aux visites dans son sous-sol.

Il suffit de faire un peu de bruit avec une chaise pour activer le départ des retardataires.

Dans un grand nombre de brasseries figure une pièce qui, sous prétexte de servir de chambre à coucher à la bonnei n'est en réalité employée qu'à servir les goûts des clients et le chef de l'établissement ne remet la clef de ce petit réduit à ses inviteuses que moyennant rétribution.

La moyenne est de cinq francs l'heure.

En résumé les sous-sols, les grottes, avec retraite isolée où l'on va soi-disant étudier le *droit civil,* ne servent que de tête-à-tête expansif.

La décoration des brasseries nécessita le costume aux filles. Il fallait leur donner un caractère, pour réjouir la vue des consommateurs et faciliter..... le service. Les vêtements, à leur début, n'avaient rien d'affichant; les verseuses, vêtues de noir, portaient dans les cheveux un gros nœud en rubans de même couleur, à la mode alsacienne.

Cet innocent et patriotique travestissement disparut bientôt pour faire place à des costumes plus fantaisistes. On vit des inviteuses en uniforme de chasseurs et de zouaves. Le succès fut médiocre et l'attirail militaire alla rejoindre au vestiaire les vêtements de deuil.

Remplaçant les garçons de café, les filles en prirent le genre, les allures et l'habit afin d'avoir l'occasion d'exhiber leurs formes. Les cheveux courts et la veste enlevaient à la plupart des femmes ce cachet féminin en leur donnant un air de raideur qui déplut. Pourquoi faire revivre le pantalon puisqu'on supprimait le service des hommes. L'essai était maladroit, inutile ; au bout d'un mois il échoua.

Que faire pour attirer la clientèle ?

Un gérant de brasserie eut l'idée de revêtir ses inviteuses de bas de couleur, de souliers à hauts talons, de jupons courts avec tabliers blancs sur lequel se détachait le cuir rouge ou noir d'une petite sacoche.

C'était décent et coquet. La vogue en resta longtemps, mais comme il faut toujours du nouveau, d'excentricités en excentricités, les tenanciers de brasseries à femmes en sont arrivés à des exhibitions immorales.

Selon le caprice, la fantaisie des propriétaires ou gérants de brasseries à filles, leur personnel s'est successivement affublé de costumes plus ou moins exotiques, représentant des Andalouses, des paysannes, Italiennes, Écossaises, Suissesses ; enfin ils sont entrés dans le domaine des opérettes en vogue et ont choisi de préférence les jupes écourtées laissant aux jambes leur entière liberté.

S'habiller le moins possible, tout est là. Heureusement pour la morale publique, l'administration supérieure, sous sa paternelle bienveillance, a parfois de légers mouvements de révolte, elle impose officieusement l'obligation aux maîtres de brasseries de remonter les corsages en velours et d'allonger les jupes de leurs servantes. Il était temps de réagir un peu, les vêtements, en se raccourcissant de plus en plus. en haut comme en bas, s'acheminaient lentement, mais progressivement vers une suppression totale, pour faire place au simple et faible maillot de soie rose.

Ne trouvant plus rien à inventer, même des négresses originaires de Montmartre, n'avait-il pas été question de l'ouverture de brasseries où le service serait rempli par des filles travesties en religieuses et par des garçons déguisés en moines ?

La plupart des maîtres de brasseries obligent les filles à payer le costume spécial affecté à l'établissement.

Les exploiteurs de ces sortes de maisons avaient fondé un organe de publicité donnant les noms, prénoms, âges et domiciles privés des employées. A l'aide de ce journal, on connaissait les tenants et aboutissants des brasseries à femmes. Tout y était analysé d'une façon discrète, ce qui rendait toute poursuite difficile.

Cette feuille, adressée aux étrangers descendus à Paris, offrait la liste des brasseries bonnes à visiter, ainsi que celles où il fallait s'abstenir d'aller.

Ce journal disparu, ils ont alors fait distribuer sur la voie publique des prospectus illustrés représentant des femmes ayant des poses désordonnées.

J'ai sous les yeux une carte-adresse sur laquelle est gravée une femme nue appuyée contre un arbre, celui de la Science, et, près d'elle, l'examinant, deux jeunes collégiens.

L'artiste a reçu deux cents francs pour la confection de ce dessin.

D'autres gravures obscènes, ou au moins lascives, sont envoyées par la poste à toutes les personnes touchant de près ou de loin à la prostitution. On y voit une fille dans une tenue plus que décolletée; une femme n'ayant pour se couvrir d'autres vêtements qu'une opulente chevelure artistiquement arrangée et qui, sous prétexte de voiler les parties pudiques, rend l'image encore plus immorale.

Des imprimés sur parchemin représentent des bacchantes auxquelles des amours versent à boire. Ces amours entrelacés sont attachés à un Priape, et la gravure est extraite en partie de l'ouvrage : « Des monuments du culte secret des dames romaines. »

Cette publicité malpropre se complète par une circulation, sur les plateaux, à côté des bocks, de petites images avec questions telles que celles-ci :

Cherchez le bijou qui s'ouvre en faisant la révérence ?

Où est le chat ?

Où est la source ?

Où est le bonheur ?

Où est le truc ?

Dans les sous-sols des brasseries, sur les panneaux reliant les glaces, sont tracées des inscriptions obscènes, et certaines caissières offrent aux habitués discrets les photographies, en costume d'Eve, des plus jolies verseuses.

Malgré toutes ces exhibitions, ces réclames,

les maîtres de brasseries à femmes organisent,
à l'époque du carnaval, principalement le
Mardi-Gras et le jour de la Mi-Carême, des
cavalcades, des chars où les femmes déguisées
distribuent librement des prospectus de la maison; cette dernière publicité tapageuse et grossière n'est pas faite pour servir la cause de la
morale publique.

Patrons et Filles

Plusieurs brasseries de femmes sont com-
manditées par des hommes politiques, mélan-
gés à des souteneurs financiers, aux apparences
correctes, et ne vivant en réalité que du produit de la débauche. Quelques-unes sont exploitées par d'anciens maîtres de maisons de tolérance pourvus de casiers judiciaires édifiants.
D'autres ont pour gérants des déclassés, tels
que professeurs, musiciens, clercs d'avoués.
Les gérantes sont recrutées parmi les insti-
tutrices dévoyées, les sages-femmes ennemies
de la maternité, les directrices d'agences matrimoniales hors d'usage; la plupart de ces personnes ont été élevées aux maisons d'éducation
de Saint-Denis, d'Écouen ou des Loges.
Dans les actes d'association, derrière le nom
du titulaire; se dissimulent souvent des individualités allemandes; on déguise leur nationa-

lité en les désignant comme originaires de Belgique, d'Autriche ou de Suisse.

Commanditaires, patrons, associés, gérants, fréquentent assidûment les courses; je pourrais en citer trois ayant chevaux et voitures, malgré plusieurs faillites survenues, il est vrai, dans des conditions avantageuses pour eux.

Presque tous ces êtres, mâles et femelles, exploitent leur personnel composé de femmes mariées, de filles soumises et insoumises, se livrant à la prostitution avec un ensemble parfait.

Au lieu de recevoir un salaire, ce sont, au contraire, les filles qui doivent une redevance en argent et en... nature pour avoir le droit de servir.

C'est nouveau, productif et honnête!

Cette singulière redevance, inconnue il y a une dizaine d'années, varie de cinquante centimes à quatre francs par journée de travail. Les fêtes et les dimanches sont exceptés. Le tarif augmente selon le temps et la saison. Elle est soldée soit le matin, à l'arrivée des servantes, soit après le service, au moment du règlement définitif. Elle s'appelait au début « le tablier ». Celui-ci, à la suite des transformations de costumes a disparu, aussi la valeur du tablier est devenue « la casse ».

Les *verseuses* payent en outre un second droit réglé sur le nombre des places confiées à leur activité. Les meilleurs emplacements, les endroits retirés, la position des tables, tout cela est étudié, recherché et mis aux enchères.

Si une *inviteuse* s'absente sans autorisation, en dehors de son jour de sortie, fixé d'avance, elle subit une amende de cinq à dix francs sans préjudice de la somme à percevoir le matin.

Lorsqu'un client désire emmener une *verseuse*, le patron n'y met aucun obstacle ; il prélève seulement une taxe sur son employée, taxe basée sur sa valeur commerciale.

Chaque retard, chaque manquement au service est encore passible d'une retenue.

Dans la majorité des brasseries, les filles sont obligées de fournir à leurs frais les allumettes aux clients.

Le travail régulier commence à trois heures de l'après-midi et se termine vers deux heures du matin. Ce sont pour les autres heures de la journée, celles de garde, les *solitaires*, qui font le service et remplacent momentanément leurs camarades malades ou en congé. On les appelle aussi « tourmentées », parce qu'elles n'ont point de tables attitrées et qu'elles sont en conséquence contraintes de pourvoir à toutes. Leur service est des plus pénibles ; il faut suffire à la clientèle et satisfaire toutes ses fantaisies. Les filles ne font qu'un seul et copieux repas dont elles ont facilité le passage par de nombreux apéritifs, et, pour éviter une trop laborieuse digestion, elles absorbent ensuite de puissants digestifs.

Afin de bien marquer l'époque de la servitude de leur corps, elles piquent dans leurs cheveux une fleur à la couleur rouge : cette fleur indique, par son langage muet, l'indisposition passagère, naturelle, qui oblige l'amateur à provisoirement s'abstenir.

Le gain de toutes les filles repose en partie sur le pourboire, et celles qui réalisent des recettes fructueuses sont obligées d'avoir un gracieux sourire suivi d'une parole aimable pour chacun des arrivants.

A l'instar des commis dans les magasins, elles ont une remise sur les marchandises débitées.

La consigne étant de boire, boire sans cesse, boire toujours, c'est l'ingurgitation intéressée. En effet, elles ont droit à cinq, dix, et vingt-cinq centimes sur la valeur des consommations, aussi offrent-elles ce qu'il y a de plus cher ; la chartreuse et le vin de Champagne sont particulièrement recommandés.

Un client se trouve-t-il dans un état voisin de l'ivresse, le cas est prévu, l'on met en pratique un moyen qui consiste à le pousser encore à consommer sans qu'il puisse s'enivrer davantage. L'eau joue son rôle. On en additionne les liquides, tout le monde y gagne, principalement les patrons et les filles.

Les employées des brasseries peuvent recevoir quotidiennement de cinq à vingt francs, et au lieu de réaliser des économies, elles fument, jouent, se perdent dans le vice et se tuent dans l'ivresse ; usées jusqu'à la moëlle, celles qui ne deviennent pas folles, sont frappées par la phthisie, c'est l'entrée à l'hôpital, précédant la mort.

Les brasseries à filles ressemblent à ces

établissements qui, en Chine, portent l'agréable nom de *Bateaux de fleurs*. A Paris, elles remplacent, non sans danger, les tolérances. Les filles au lieu d'une maîtresse ont un maître qui les dirige.

Dans la maison de tolérance, l'homme n'a aucune responsabilité ; dans la brasserie, il doit les supporter toutes.

L'autorité administrative interdit aux maîtresses de maisons de vendre aucune espèce de marchandises à leurs pensionnaires ; c'est le contraire qui a lieu dans les brasseries où les patrons installent leurs plus utiles verseuses dans des appartements loués et meublés par eux. Ils leur font livrer à tempérament du linge, des chaussures, des chapeaux, de la fourrure et des bijoux.

Les jolies inviteuses sont appréciées, soignées et rapportent abondamment.

Parmi les titulaires des brasseries figure un ex-garçon de tolérance, dont les *allumeuses* sont toutes inscrites sur les contrôles de la prostitution.

Une autre brasserie est tenue par une fille soumise, et sa mère sert de domestique aux servantes. L'unique garçon ouvre la boutique, s'occupe du balayage, nettoie les carreaux et lave la vaisselle.

La Préfecture de Police ne peut empêcher les filles soumises, venant régulièrement à leurs visites sanitaires, de se réfugier, par horreur du trottoir, dans les brasseries à filles ; elles se sentent plus libres et échappent aux

sévérités des agents chargés de l'attribution des
mœurs.

Plus à plaindre qu'à blâmer, ces tristes filles
sont moins méprisables que leurs patrons, sans
scrupule, réalisant de gros bénéfices sur l'immoralité et la santé de leur personnel.

Pour en démontrer plus encore la justifi-
cation, je transcris avec fidélité le questionnaire adressé par le gérant d'une des principales brasseries de femmes de Paris. Il était
annexé à une lettre saisie sur une demoiselle
Ida, inculpée d'abus de confiance, et arrêtée en
vertu d'un mandat d'amener décerné par
l'un des juges d'instruction du parquet de Marseille.

Voici d'abord la lettre :

« Mademoiselle Ida,

» Il me manque une solide entraîneuse pour
remplacer une non-valeur dont j'ai l'intention
de me débarrasser.

» Ma maison est reconnue pour servir d'école
commerciale. Les tables servent de comptabilité
et les verseuses de caissières.

» On apprend rapidement à connaître l'addition des bocks, à soustraire les verres pleins, à
multiplier les consommations et à diviser les
faveurs. Réfléchissez..... Le voyage est à vos
frais, et avant de quitter Marseille, remplissez
vous-même les vides placés entre les lignes du
papier ci-joint, et envoyez-le moi avec votre
photographie, à mon domicile privé, boulevard
de Strasbourg, n°... »

Voici maintenant le questionnaire :

— Avez-vous déjà servi dans les brasseries ?
— Oui. A Lyon et ici.
— Etes-vous jeune ?
— 24 ans.
— Aimable ?
— Comme un bijou.
— Jolie ?
— Examinez ma photographie.
— Galante ?
— Avec art. J'offre, j'attire et je retiens le client.

— Avez-vous bon estomac ?
— Constitution robuste, et si je n'ai pas la sobriété, cette vertu du chameau, je possède en revanche un estomac d'autruche, habitué à tous les breuvages, même ceux frelatés. J'avais, comme mes pareilles, commencé à pratiquer la fraude. Aujourd'hui je bois sans me griser. Vous entendrez ma voix, vous verrez mon *chic* et vous apprécierez mon entrain à la manœuvre.

— La devise de ma maison est : Toutes à tous. Quelle est la vôtre ?

— Celle de Panurge : Satisfaire avec complaisance le patron, les clients, et mon... ami de cœur.

— Un certificat médical est-il exigible tous les mois ?

— Accepté.

A bientôt.

IDA.

Consommations

Au moment de commencer le service officiel, les filles agrafent à leur corsage la sacoche traditionnelle, pour y déposer les jetons représentant une valeur de 10, 20, 30 et 50 centimes, jetons nécessaires au contrôle et qui servent en même temps de payements à la caisse.

Ce sont les bières étrangères qui forment la principale consommation des brasseries à femmes, et les titulaires, toujours à la recherche du nouveau, dans le but de plaire à leur clientèle, ont inventé une progression pour le débit de ces boissons, c'est-à-dire des verres de plus en plus grands désignés sous des noms bizarres.

La *chope* a disparu pour faire place au *bock*, qu'on cherche à son tour à supprimer dans la dégustation française. Le mot bock est allemand et aurait pris naissance à Munich sous le règne de Louis de Bavière. Près du bock, est arrivé le *galopin*, petit verre étroit dont le contenu s'avalait d'un trait sans avoir le temps d'humecter les lèvres. Le *distingué*, à 50 centimes, fit alors son entrée ; mais sa forme, sa largeur, sa taille, sa rondeur devinrent l'objet de vives discussions. Le *confortable*, à 1 franc, en profita pour se montrer, et successivement apparurent l'*extravagant* et le *mince de chic*. Ce dernier verre, du prix de 2 fr. 50, a une capacité de dix bocks.

A la suite de paris expérimentés, connus d'avance, mais utile pour se faire offrir des consommations par des clients de passage, des buveurs d'ordre supérieur ont absorbé dans une soirée de trente à quarante bocks, précédés, accompagnés et suivis d'une quantité respectable de verres de liqueurs. Ces buveurs forment l'exception. La majorité des servantes, obligée de se livrer à une absorption de liquide, se satisfait avec une douzaine de bocks, plusieurs absinthes et quelques petits verres de kirch et de chartreuse. Quant à celles qui ne peuvent supporter ce régime, elles ont recours à des subterfuges et ne prennent que des boissons inoffensives, payées comme véritables et sérieuses. Les plus habiles verseuses trempent simplement leurs lèvres et font adroitement disparaître le verre et son contenu. Si c'est de la bière, elle retourne au tonneau ; si ce sont des liqueurs, elles reprennent leur place dans les flacons respectifs. Rien n'est perdu, et, comme rapport, c'est excellent.

Les principales brasseries de femmes débitent de mille à deux mille bocks par journée. On a récemment calculé en Europe quelle était par année et par habitant la quantité de bière consommée. C'est le Belge qui en fait la plus grande absorption, il est porté pour 150 litres ; l'Anglais le suit de près, 145 litres ; l'Allemand se contente de 100 litres ; le Danois,

60 litres ; le Hollandais, 40 litres ; l'Autrichien, 35 litres ; le Suisse, 30 litres ; le Français et le Suédois, 20 litres ; le Russe, 8 litres, et l'Italien, 5 litres.

La France, d'après cette nomenclature occupe le huitième rang. Sa bière honnêtement fabriquée a dix qualités pour une, sa composition ne renferme que de l'orge, du houblon, de la levure et de l'eau ; elle est saine, hygiénique, nutritive, et cependant on la délaisse en faveur des bières étrangères, fortes, alcoolisées, auxquelles on ajoute pour les rendre claires et faciliter leur transport des acides, picriques, phéniques, salicyliques. Elles sont si savamment manipulées qu'elles relèvent de la toxicologie, et les brasseries étrangères ont l'audace d'appeler cela des produits conservateurs.

Les buveurs de bière se laissent ainsi empoisonner aux dépens de leur santé et de leur argent.

C'est l'Allemagne qui expédie le plus de bières à Paris. La Compagnie des chemins de fer de l'Est a même organisé des convois spéciaux connus sous le nom de « Trains de bières ». L'extension du poison allemand devient inquiétante, déplorable. Si le vin fait momentanément défaut, l'orge et le houblon ne manquent pas, puisque nous en exportons ; il faut donc espérer que les bières françaises finiront par dominer. Le public comprendra-t-il enfin que le bock étranger, qu'il boit à Paris, serait impitoyablement jeté dans les ruisseaux de Vienne, de Munich et de Berlin?

Le Procureur de la République et le Préfet
de police, se sont heureusement mis d'accord
avec le directeur du Laboratoire municipal
pour interdire et poursuivre la mise en vente
de bières salicylées. L'entrée de ces boissons
est devenue l'objet de surveillances incessantes
et les prélèvements analysés ont démontré ,
en dehors des acides, la présence dans les liquides, de fiel de bœuf, aloès, quassia-amara,
glycérine , absinthe et gentiane. Une vraie
pharmacie.

La santé des consommateurs ne peut que
gagner par la nouvelle mesure prise, et les
débitants n'ont plus à craindre de poursuites
judiciaires.

Les boissons additionnées de borate de soude
ou de bisulfate de chaux, expédiées contre remboursement, lorsqu'elles ne sont pas réclamées
par l'expéditeur sont coulées en gare , et les
frais d'expertise restent à la charge de la police.

Dans la gare de La Villette, plus de deux
cents fûts, retenus par le service du laboratoire, ont été coulés, c'est-à-dire jetés à l'égout.

La bière , d'origine allemande, contenait ,
dans des proportions considérables, de l'acide
salicylique, et son propriétaire avait annoncé à
grand renfort de réclame qu'elle était nette de
tous produits malfaisants. Les importateurs ont
réclamé contre cette mesure, qualifiée par eux
d'arbitraire, en déclarant que si la loi allemande
mentionne dans son article 12 : Sera puni de
la prison et, en outre, pourra être privé de ses

13.

droits civils et honorifiques celui qui, à dessein, aura préparé des objets destinés à servir à autrui d'objet de consommation ou alimentation, de telle sorte que leur absorption puisse nuire à la santé humaine; de même celui qui, sciemment, aura vendu, mis en vente ou en circulation, sous le nom d'objets d'alimentation ou de consommation, des substances dont l'adoption peut léser la santé humaine.

L'article 15 dit : à la condamnation s'ajoutera la confiscation des objets qui auront été produits, vendus, mis en vente ou en circulation, sans qu'il soit distingué si ces objets appartiennent ou non au condamné.

Ces deux articles n'étaient applicables que pour le territoire germanique et n'interdisaient point l'emploi d'acides aux bières destinées à l'exportation. On nous défend, disent les Allemands, d'empoisonner nos nationaux, mais il n'en est pas de même pour les habitants des nations limitrophes. Cette restriction est admirable de cynisme et rentre dans le cadre de la probité commerciale de ce pays.

Dans sa séance solennelle du 25 janvier 1886, l'Académie de médecine a déclaré ceci : *L'acide salicylique est un véritable poison.*

Les expéditeurs ne peuvent être poursuivis en France, puisque, pour constituer le délit, il faut établir la mise en vente.

La jurisprudence l'établit ainsi qu'il suit :

Un particulier a le droit de se faire expédier de l'étranger des fûts de bière falsifiée, d'en faire boire à ses parents et à ses amis; mais si les bières sont de fabrication française, elles sont susceptibles de saisies et de poursuites.

Pour alimenter plus encore le débit de toutes ces bières étrangères, les comptoirs des brasseries à femmes sont garnis *d'horribles cochonneries* que la choucroute accompagne.

Si les Allemands ont fait choix de cette alimentation, c'est une raison pour qu'elle nous soit funeste; chaque peuple a son tempérament qui lui est propre, et rien ne diffère plus d'un Allemand qu'un Français né au nord, au midi, et même à Paris.

Il y a tout lieu de croire que nos enfants verront disparaître le phylloxera et que le vin reprendra sa place parmi nous.

Le cabaret était français ;

Le café parisien.

La brasserie, institution mixte, avec ses filles, son porc et sa choucroute, restera toujours cosmopolite.

La Clientèle

La clientèle des brasseries à femmes varie selon la rue, le quartier et l'arrondissement. Cela permet aux servantes, une fois démodées, sur la rive gauche, de traverser les ponts pour venir s'installer sur la rive droite et de s'y refaire une virginité. Quelques-unes se font suivre par leurs clients assidus, absolument comme un chien bien dressé suit sa maîtresse.

Les établissements situés à proximité des gares de chemins de fer ont un personnel spécial, dangereux pour les étrangers et les voyageurs en passage.

Ceux placés non loin des théâtres et cafés-concerts sont visités par des musiciens, des acteurs, des chanteurs et des compositeurs de musique légère.

Aux environs des Halles, on peut y voir garçons bouchers, tripiers, porteurs, parmi des commis de magasins.

Près des casernes, aux abords du Champ de Mars, les brasseries à femmes sont envahies par les militaires.

Dans les faubourgs, la clientèle s'y trouve plus mélangée ; c'est un composé de petits patrons et d'ouvriers aisés.

Sur les anciens boulevards extérieurs et dans les voies excentriques, elles servent de domicile habituel aux personnages ornés de hautes casquettes et cravatés de foulards rouges. Ils attendent leurs..... demoiselles coiffées de chignons tombant sur la nuque.

Ces ignobles couples, après la fermeture des cabarets, racolent et dévalisent les passants attardés.

Le centre de Paris possède également des brasseries à femmes fréquentées par des individus suspects, aux moyens d'existence problématiques et jouant aux cartes du matin au soir pour se perfectionner dans ce qu'ils appellent l'art de *maquiller les brêmes* (1).

Ce que l'on est convenu aujourd'hui de désiger sous le nom de quartier latin, comprend la plus grande partie des rues composant les Vᵉ et VIᵉ arrondissements. Le boulevard Saint-Michel sépare ces deux arrondissements et sert de point central à la jeunesse des Ecoles.

Les brasseries à filles y sont aussi nombreuses que suivies par tous les jeunes gens étudiant le droit et la médecine, auxquels viennent se joindre les élèves des écoles supérieures.

A la suite de scandales, l'administration a eu le courage d'interdire dans les brasseries de femmes l'entrée en uniforme des élèves appartenant aux écoles du gouvernement. Pourquoi n'a-t-elle pas étendue la mesure à tous les lycéens ?

Les étudiants d'origine étrangère ont des brasseries attitrées. Les titulaires n'ignorent point qu'ils sont l'objet de surveillances confiées aux soins d'agents chargés des services politiques, ce qui oblige le personnel féminin à une certaine réserve.

Plusieurs brasseries baptisées : *Boîtes à femmes*, servent de lieu de rendez-vous à la bohême soi-disant artistique et littéraire ; tous ces gens incompris ou trop compris, travaillent peu et boivent beaucoup.

(1) Brêmes : cartes à jouer. Allusion à la brême, poisson blanc, plat et court. *Maquiller les brêmes*, travailler les cartes.

Paresseux incorrigibles, ces ratés poseurs, supportables à vingt ans, mais grotesques à quarante, affichent leur mépris pour les personnes dont la vie est régulière ; ils passent dans leur cénacle pour avoir de l'esprit en citant des mots bêtes qui réussissent cependant à faire rire de jeunes néophytes toujours disposés à solder le prix des consommations.

Il existe encore des brasseries à filles où les jeunes gens tapageurs se concertent pour organiser les manifestations politiques et préparer *les potins*. Se croyant déjà de futurs Rabagas ils s'admirent, se trouvent sublimes en piquant à leur chapeau la cocarde républicaine.

Enfin, parmi les brasseries les plus pernicieuses figurent celles ouvrant leurs portes aux collégiens, à figures de jeunes filles, obligés de sortir seuls ou trompant la surveillance paternelle, ou bien encore ayant su, à défaut de parents, échapper à la sollicitude de leurs correspondants.

Pour les enfants de quinze à dix-huit ans qui s'émancipent et cherchent à imiter les hommes, c'est un séjour agréable, charmant, où ils reçoivent bon accueil des servantes en jupons courts, aux bras nus et montrant ce qu'il est permis de laisser à découvert. A peine sont-ils assis, qu'elles approchent en leur demandant comme à de grands garçons la permission de boire avec eux. L'imagination s'éveille, les désirs naissent, une véritable attraction se produit au contact de ces filles si familières, d'une désespérante amabilité et dont les yeux expressifs sont accompagnés de paroles libres ou sentimentales, selon la nature des sujets à conquérir.

Au milieu des bocks, de la fumée, des femmes, la fraîche jeunesse s'enivre et s'énerve, elle oublie les bons sentiments, à cette école qui n'est pas précisément celle de la famille, pour apprendre en détail le code de l'amour tarifé. Sans aucune expérience, elle prend tout à la lettre et le petit verre de kümmel, offert au moment du départ, pour chasser la bière, est payé le double de sa valeur lorsqu'il est pris en compagnie d'une fille galante.

L'âge des collégiens, l'uniforme qu'ils portent ne leur permet pas de pénétrer dans une maison de tolérance, mais ces bambins, le cigare à la bouche, franchissent ouvertement le seuil des brasseries à filles pour y trouver la paresse, l'alcoolisme et la.... maladie.

Hygiène et Salubrité publique

Les grisettes de Murger, en abandonnant leur indépendance et leur gaîté, sont devenues, selon le terme employé par les étudiants, *des grenouilles de brasseries;* mais cette nouvelle variété a aussi horreur de l'eau que les servantes employées dans ces établissements.

Les deux catégories de filles, outre ce point
de ressemblance, possèdent des mœurs semblables, et l'une peut aisément remplacer l'autre.
Le costume seul diffère. Aucune d'elles n'a
jamais eu, d'ailleurs, la prétentention de se
placer sur les rangs pour obtenir le prix de
vertu, et l'on peut sans hésitation les faire toutes passer sous le même niveau.

Au quartier latin, clientes et verseuses sont
ordinairement jeunes, assez jolies et n'ont
point encore besoin d'utiliser le rouge, le blanc
et le noir, pour paraître fraîches.

Cette puissante et charnelle séduction forme
malheureusement la base du succès des brasseries à filles, véritables foyers de corruption et
de maladies.

Il serait préférable de voir les grands enfants
qui composent la jeunesse des écoles s'amuser,
rire et chanter, que de les trouver s'excitant à
boire pour fumer et à fumer pour boire.
Presque tous sont électeurs et par cela même
capables de discerner le bien du mal. Ils peuvent donc se garantir des accidents et mettre
à l'abri leur bourse et leur santé. Ils n'ignorent
point que l'abus de la bière et surtout de la
bière étrangère, lourde, épaisse, alcoolisée,
détermine de sérieux désordres dans les fonctions et l'économie. Tout le monde sait que
l'absorption continuelle de substances malsaines
dans une atmosphère viciée par les haleines
des buveurs, les émanations et la chaleur du
gaz auxquelles s'ajoute la fumée de tabac,
engendre un état morbide du cerveau, alour-

dit le physique, attriste le caractère et pousse au suicide. Aussi, les hommes faits peuvent-ils se protéger eux-mêmes et si l'autorité reste indifférente à leur égard, elle a l'impérieux devoir de préserver les enfants des pièges malpropres qui leur sont tendus dans les brasseries à femmes.

Il faut, par une soirée d'hiver, avoir pénétré dans une de ces maisons, pour en juger les éléments désastreux. D'épais nuages, formés par la fumée, remplacent l'air indispensable au développement et au maintien de la vie. On n'aperçoit que des ombres. A peine entré, l'hébétement commence et l'extrême jeunesse, en cherchant le plaisir, se trouve atteinte en pleine croissance ; elle dépense le peu d'argent qu'elle possède avec sa santé et arrive par degré à un lamentable engourdissement intellectuel. Le contact des inviteuses fait le reste. Celles-ci, obligées par métier d'absorber une quantité considérable de spiritueux, se trouvent sous l'apparence d'une bonne santé, dans une situation maladive. L'affection cachée qui les mine est d'autant plus malfaisante qu'aucun indice ne peut la faire prévoir, et cependant l'alcool la développe insensiblement et finit par la rendre difficile à guérir.

L'aspect des verseuses peut être excellent, mais leur état est, à de bien rares exceptions, toujours déplorable. Sont-elles bien portantes ? C'est une chance, un hasard dont la jeunesse ne calcule pas toutes les probabilités.

Un enfant malade fera rarement des aveux

à sa famille sur les conséquences de sa précoce émancipation ; et encore ne reconnaîtra-t-il le fait qu'à la dernière extrémité, au moment où le mal est dans sa période d'intensité.

Les filles contaminées au lieu de se soigner changent successivement de brasserie et ne cessent de fonctionner qu'après avoir laissé dans chacune d'elles d'inoubliables souvenirs. Elles deviennent alors pensionnaires à l'hôpital de Lourcine. Cela est sérieux, et annonce le déclin de leur triste et courte carrière. L'autopsie pratiquée à la Morgue sur le corps d'une entraîneuse en renom, au quartier latin, morte accidentellement, a démontré que son estomac avait la ressemblance d'une éponge imbibée de bière, d'alcool et que, pourrie par suite d'excès de débauches, le nombre de ses victimes devait être incalculable.

M. Andrieux, préfet de police, le 30 avril 1881 rendait une ordonnance concernant les appareils à pression qui servent au débit de la bière, appareils présentant des dangers pour la santé publique.

Il ordonnait : Article 1er : La suppression du plomb pour les tuyaux adducteurs de la bière et leur remplacement par d'autres soit en verre soit en étain le plus fin.

L'article 5 n'est pas moins positif ; Il sera fait un nettoyage périodique et fréquent s'appliquant, non seulement aux tuyaux adducteurs de la bière, mais encore aux récipients d'air et, d'une manière plus générale, à toutes les parties des appareils susceptibles de s'encrasser.

En effet, certaines brasseries étaient pourvues de robinets crasseux, baveux, formant des dépôts de liquide en décomposition ; c'était un empoisonnement s'ajoutant à celui des filles.

L'autorité préfectorale règlemente la fabrication et l'emploi de tous objets pouvant présenter des dangers pour la santé publique. Elle exige, avec raison, l'entretien des vases et ustensiles de cuisine en usage chez les restaurateurs, marchands de vins, traiteurs, pâtissiers, crêmiers, établissements de bouillon et charcutiers. Les visites simultanées, suivies, ont pour but de saisir tous les vases oxydés ou simplement en mauvais état d'étamage. La mesure est utile, salutaire, et personne ne la conteste. Mais pourquoi cette même autorité ne prend-elle pas le droit de soumettre à un examen médical les quinze cents à deux mille filles appartenant au matériel des brasseries ? J'insiste sur le mot matériel, car dans les inventaires elles figurent parmi les tables, les banquettes, les chaises, les fûts à bière et les tonneaux de choucroute. Ce matériel vivant est plus actif et dépasse comme usage journalier les appareils servant à la pression de... la bière.

A l'état-major de la place de Paris, on s'est ému de la quantité et de la nature des maladies communiquées aux militaires par les filles de brasseries, et plusieurs de ces maisons ont été interdites à l'armée. Cette prudente mesure pourrait être facilement prise au sujet des mineurs.

La syphilis alcoolisée est le plus gran d dan

ger des brasseries à femmes ; elle a de funestes
effets et les médecins spécialistes sont unanimes
à le reconnaître. La Préfecture de police reste
inactive en présence de ce mal qui circule, s'ag-
grave et prend d'effroyables proportions. Elle
ordonne des visites chez les marchands convaincus d'étaler et de mettre en vente des produits reconnus hors d'état d'être livrés à la consommation. C'est fort bien. Mais les pères de
famille ne s'expliquent en aucune façon sa
coupable timidité lorsqu'il s'agit d'accomplir
un acte de propreté qui s'impose.

Plaintes

M. le président du Sénat, son collègue de la
Chambre des Députés, ainsi que les ministres et
l'autorité judiciaire reçoivent journellement des
plaintes signées de personnes honorables sur
l'installation et la tenue des brasseries dites « à
femmes ».

Les pères de famille ne sont pas les seuls à
solliciter la fermeture de ces maisons ; parmi les
pétitionnaires figurent les directeurs des lycées,
des écoles, qui ont, à plusieurs reprises, adressé
de vaines réclamations à la Préfecture de police
dans le but d'empêcher les titulaires de ces établissements de recueillir leurs jeunes élèves
pour les exciter à la débauche.

Les locataires des maisons proches d'une brasserie de filles sont généralement peu satisfaits. Leur repos est sans cesse troublé par la musique, le chant et les scènes bruyantes qui se produisent surtout au moment de la fermeture. Cette fermeture n'est pas toujours observée d'une manière scrupuleuse, et les voisins, privés de sommeil, demandent ce que font les gardiens de la paix et si, de parti pris, ils évitent de passer par les rues pourvues de pareilles maisons.

Ce que l'on dit sur les agents est souvent drôle, original, et voici une histoire restée légendaire dans les bureaux de la Police municipale. Elle s'est passée sur la rive gauche, quelques jours après l'ouverture d'une brasserie à filles.

Deux gardiens de la paix en tournée de surveillance entendirent, après deux heures du matin, une assez vive discussion dans l'intérieur de la nouvelle taverne. Contrairement à leur habitude, ils y prêtèrent attention et virent, à travers les interstices des volets, plusieurs becs de gaz allumés. Convaincus que le propriétaire conservait des clients, ils se mirent d'accord pour déclarer officiellement la contravention. L'agent le plus ancien leva le poing, qui s'abattit sur le milieu des battants de la porte d'entrée. Les pan, pan, pan d'usage se firent entendre, suivis de ces mots : « ronde de police. »

A leur grand étonnement, le patron vint tout de suite ouvrir, et il expliqua qu'une de ses ver-

seuses, légèrement surexcitée par la boisson,
refusait de remettre ses comptes à la caisse.

Les deux représentants de l'autorité mena-
cèrent de conduire la servante au poste. Celle-ci
s'exécuta, et l'on but un bock pour cimenter la
paix. Un second bock allait suivre le sort du
premier, quand on frappa de nouveau à la
devanture de la boutique.

— Qui est là ? demanda le patron.

— Ouvrez au sous-brigadier en tournée de
surveillance, lui fut-il répondu.

La servante s'empressa de cacher les deux
gardiens de la paix dans la cave servant de glà-
cière. Ils étaient ainsi au frais et à l'abri du
contrôle. Le maître, pendant ce temps, introduisait le sous-brigadier et son agent, auxquels
il fournit les renseignements dont ils avaient
besoin. Ils firent leur inspection, et, ne trouvant rien de suspect, ils s'excusèrent tout
en acceptant un cigare et un verre de bière,
de celle réservée aux amateurs sérieux, et qui
ne se boit que dans des verres mousseline ayant
la forme de ballon.

Les londrès étaient à moitié fumés lorsqu'un
formidable coup ébranla la porte d'entrée. Personne ne bougea. Un deuxième coup aussi vio-
lent se fit entendre.

— Cachez-nous vite, dit le sous-brigadier ; je
reconnais dans cette façon cavalière de s'annon-
cer la présence de mon chef, ex-maréchal-des-
logis au train des équipages.

— Ouvrez donc. Je suis le brigadier de service
pour la nuit, et je n'aime pas attendre, N.. de D..

— On y va, s'écria le patron.

Il fallait prendre une décision. La cave était occupée ; le tavernier fit entrer vivement le sous-brigadier et son homme dans l'office, et les dissimula derrière la case au charbon.

La verseuse ouvrit la porte. Le brigadier à sa vue se radoucit, et l'absence de consommateurs lui permit d'accepter l'hospitalité, et, pour passer le temps plus agréablement, il demanda une choucroute garnie.

Le moment était mal choisi, mais le patron pouvait-il refuser ? Il fit servir par sa servante le plat commandé. Elle était devenue docile, aimable et riait de bon cœur tant ce jeu de cache-cache l'amusait.

— Pressez-vous un peu, Monsieur le brigadier, disait le patron, je suis exténué de fatigue ; puis, la nuit passée, je n'ai rêvé que visites policières, et j'ai un pressentiment.

— Lequel ?

— L'arrivée du commissaire.

— Ne craignez rien, je l'ai quitté vers minuit, il rentrait à son domicile et doit à cette heure dormir profondément, sans songer à vous. Sa mémoire étant courte, il évite les affaires. En voilà un magistrat qui aime le calme.

— Vous paraissez suivre son exemple.

— Vous le voyez.

Et le contrôleur en chef, sans se presser, continua son repas. Celui-ci achevé, il but le petit verre de fine champagne et prit dans la boîte le cigare obligatoire. La verseuse, le sourire aux lèvres, frotta l'allumette de circonstance, et, pour la remercier et solder sa dépense, le brigadier se contenta de lui passer sa large main sous le menton en lui recommandant d'être sage avec la clientèle. Il boucla son ceinturon, et, le képi bien posé sur la tête, il se dirigea vers la sortie.

Par prudence, le patron entr'ouvrit la porte et jeta un coup d'œil au dehors. Il aperçut l'Officier de paix causant avec un jeune homme. Il donna un double tour à la serrure et fit éteindre la lumière.

L'obscurité était complète et le silence absolu.

L'Officier de paix ne restait pas inactif. En se faisant connaître, il se contenta à l'aide de sa canne de cogner sur le vasistas mobile placé au-dessous de l'enseigne. Il ajouta : Inutile de vous cacher, je vous ai vu, ne craignez rien et ouvrez.

— J'allume le gaz et je suis à vous, répondit le patron.

Il gagnait du temps pour opérer la disparition du double galonné, mais où le mettre? A l'office... Il s'y trouvait son subordonné. A la cave... Il serait en compagnie de ses hommes.

La servante, comprenant son embarras, lui dit : Nous avons la chambre à coucher, et sur un ton ironique, elle ajouta : Le lit est veuf puisque votre maîtresse a profité de son congé pour aller en journée, la nuit, chez ses divers clients.

— Allons, elle a pris ta place et tu es jalouse ; mais sois tranquille, elle reviendra ; en attendant

conduis le brigadier dans ma chambre, il y sera
en sûreté.

Ce fonctionnaire ne se fit pas prier ; il s'assit
dans un fauteuil capitonné et attendit.

L'Officier de paix demanda à souper.

— Quelle chance avons-nous eu de revenir
par ici, dit-il au propriétaire de la brasserie.
Figurez-vous qu'en sortant du théâtre, j'ai
voulu reconduire ce jeune avocat, mon condis-
ciple, à la gare du chemin de fer Saint-Lazare.
Le dernier train pour Versailles venait de partir, je l'ai engagé à passer le restant de la nuit
à mon cabinet, situé à la mairie, mais je ne suis
pas fâché de profiter de la circonstance qui s'est
offerte pour nous reposer chez vous, tout en
mangeant une tranche de jambon.

A quatre heures du matin, l'Officier de paix
commençait la visite de ses postes de police,
le jeune avocat terminait la nuit en compagnie
de la verseuse dans l'hôtel servant d'annexe à
la brasserie, et le patron s'occupait de faire sortir successivement et sans qu'ils se fussent vus,
le brigadier, le sous-brigadier et les gardiens de
la paix.

Cette nuit-là, dans la même rue, mais à son
extrémité, des scènes scandaleuses avaient eu
lieu.

Le premier fait a été dévoilé le lendemain
aux agents des mœurs, par la servante, arrêtée
pour ivresse et racolage sur le boulevard Saint-
Michel. Il a été confirmé depuis par l'Officier
de paix.

Le second se trouve détaillé dans la lettre

ci-après, signée d'un nom honorablement
connu par tous ses confrères de la presse parisienne.

« Cher Monsieur Macé,

» Je m'adresse encore à vous, sous l'impres-
sion d'une irritation profonde et en me demandant ce que font les agents de service dans la
rue ..... Pendant toute cette nuit, ni mes voisins, ni moi n'avons fermé l'œil. Il ne s'agit
pas cette fois précisément de la brasserie en
question, mais des ivrognes qui en sortent et
qui pendant toute la nuit jusqu'à cinq heures
du matin, ont hurlé sous les fenêtres de l'hôtel
de ..... où logent les filles de ladite brasserie, filles qu'ils n'ont pas cessé d'interpeller et
qui répondaient. A de certains moments, pro-
bablement à l'arrivée des agents, ils filaient par
la rue de ..... mais pour revenir continuer
leur charivari. Ces cris n'ont pas de noms et je
crois cette fois être dans mon droit en réclamant contre ces voyoux. Ma femme est souf-
frante, et il n'y a pas de nuit où ces clameurs
ne la réveillent. La nuit dernière elles ont
dépassé toutes les bornes.

» Je suis arrivé au journal avec l'intention
d'écrire un article à l'adresse de cet abus, mais
je me suis calmé en pensant à votre obligeance.
Ce tapage nocturne est indigne et j'aurai pour
moi tous les honnêtes gens. Mon directeur m'a
laissé à ce sujet toute latitude et la réclamation
que je fais au nom de tous les habitants de mon

quartier me semble si juste que j'espère qu'il y sera fait droit sans publicité.

» Comment de pareilles scènes peuvent-elles se passer et durer des heures entières à deux pas d'un commissariat et d'un poste de police?

» Excusez-moi, je vous prie, de vous importuner toujours, mais nous nous sommes levés ce matin comme nous nous étions couchés la veille. Je vous ai déjà tant d'obligations que je me permets encore cette démarche en vous priant de croire, etc. »

. . . . »

Les maisons à filles sont sujettes aux vacarmes, vacarmes qu'elles provoquent plus encore pendant l'époque du carnaval et les jours de fêtes.

Avec moins d'insouciance et un peu plus de fermeté il serait facile aux agents en uniforme de faire cesser sur la voie publique les chants, les cris et les batteries nocturnes.

Les travailleurs ont droit au repos, à la tranquillité et, sous prétexte de liberté, il ne faut pas qu'ils deviennent les victimes des tapageurs.

Le plus difficile est de donner satisfaction aux plaignants, lorsqu'il s'agit d'actes spéciaux intéressant les familles et se passant à l'intérieur des brasseries.

On me remit la veille de Pâques un billet qui m'impressionna par son laconisme. Il disait :

« A la suite d'une pénible scène, je suis obligé de garder la chambre; venez me voir, il me semble que votre visite nous rassurera tous. »

Le même jour, je me présentai au domicile du signataire, un négociant en gros, qui me dit :

« Je tiens à vous soumettre la septième plainte que j'adresse à M. le préfet de police, elle concerne comme les précédentes la brasserie de filles installée en face de mon habitation. Malgré des avertissements réitérés, la maîtresse de cette maison persiste à ne pas vouloir se conformer aux ordres des agents. Les stores, au lieu d'être baissés sont constamment relevés et la porte d'entrée recommence, avec la belle saison, à rester ouverte. Je n'exagère point et vous pouvez dès maintenant le constater. Les filles en profitent pour racoler les passants ou faire des adieux plus ou moins réalistes. Hier soir, vers cinq heures, dans l'embrasure de la porte que vous voyez, un jeune homme a passé sa main sous les jupons d'une servante. Je l'ai vu. Plusieurs personnes se sont arrêtées, elles ont ri, mais aucune d'elles n'a protesté. J'ai alors ouvert ma croisée en criant à ce mâle et à cette femelle, d'avoir au moins la pudeur de rentrer dans l'établissement. Le jeune homme m'a injurié, provoqué et m'a mis au défi de venir le trouver. Je suis descendu avec la ferme résolution de corriger ce galopin, mais la maîtresse et les filles, en m'apercevant, se sont emparé de sa personne et l'ont forcé à descendre dans le sous-sol.

J'ai un commerce considérable, j'occupe à mon usine d'Aubervilliers plus de soixante ouvriers, et je paye annuellement à l'Etat d'énormes contributions. Obligé, pour mes affaires, d'avoir ma résidence dans ce quartier, je n'y ai cependant qu'un dépôt de marchandises et cet appartement d'un loyer de 15.000 francs. Ma femme est paralysée, et c'est ma fille, âgée de 18 ans, qui a pris la direction de notre intérieur.

Vous allez à présent connaître le côté le plus triste, et vous comprendrez mieux alors mon exaltation d'hier, comparée à ma faiblesse d'aujourd'hui.

J'ai deux autres enfants, l'aîné va sur ses vingt ans, et depuis quinze mois, je suis sans nouvelles de lui. Il a disparu avec l'une des servantes de cette brasserie. Le cadet n'a pas encore dix-sept ans; et il a perdu le goût du travail. Je viens heureusement de lui faire prendre un engagement dans la marine.

Tous les deux, faibles de caractère, n'ont dû leur égarement qu'au voisinage de cette horrible maison. »

Je quittai cet homme singulièrement éprouvé, en l'assurant que de sévères mesures seraient prises. Ma promesse était sincère, mais le peu d'énergie de l'Administration en paralysa les effets.

Récemment, j'ai rencontré ce père de famille, il était méconnaissable. Devenu veuf, il a quitté les affaires, et vit avec sa fille. Toujours sans nouvelles de son fils aîné, il pleure le second, décédé au Tonkin. Au moins celui-là, disait-il, est mort pour la France.

Dans sa douleur, il déblatérait contre cette prétentieuse police, qui s'intitule la gardienne protectrice des honnêtes gens.

L'Administration, lui disais-je, est le plus souvent impuissante. En prescrivant des informations sur des plaintes qui lui parviennent de tous les côtés, elle invite ses collaborateurs à n'intervenir qu'en observant d'une façon stricte les conditions réglementaires, et celles-ci sont tellement amalgamées, que les commissaires de police et les autres agents de la force publique ne savent plus ce qu'ils ont à faire et deviennent par cela même d'une prudence blâmable. Ils demandent, avant d'agir, des instructions positives, qui n'arrivent jamais, et la canaille seule profite de la situation.

Surveillances

Jusqu'ici j'ai montré l'ensemble de la brasserie comprenant les patrons, les servantes, le public et les consommateurs, mais il y a lieu de compléter cette série d'observations en pénétrant mieux encore dans son fonctionnement intérieur.

Voici le résultat des nombreuses surveillances exercées sur ce genre de maisons.

Lorsqu'on y entre pour la première fois, la salle principale, ayant accès sur la rue, ne présente rien d'anormal. Des inviteuses, à la tenue modeste, se tiennent d'abord sur la réserve, et tout donne à supposer que leurs moyens d'existence est le fruit d'un travail régulier et honnête. Si l'on revient le lendemain et les jours suivants, la situation change : les verseuses rassurées deviennent hardies et vous invitent à venir les voir, de dix heures du matin à deux heures de l'après-midi.

L'excitation à la débauche, plus dissimulée, ne subsiste pas moins, et cette forme de prostitution échappe au contrôle des agents qui ne peuvent en aucune façon procéder à l'arrestation d'une fille, même contaminée, qu'à la suite de racolages successifs pratiqués sur la voie publique. Je dis sur la voie publique, parce que pendant la saison d'été, les servantes, sous prétexte de respirer un peu, se placent, leurs cheveux étalés sur le dos, dans l'encadrement de la porte d'entrée de la brasserie et par des gestes caractérisés attirent l'attention des passants.

La police active ne peut intervenir, les règlements s'y opposent ; il faut la présence du commissaire, et ce magistrat, malgré le flagrant délit, réclame aux agents un mandat signé du préfet, pour mettre sa responsabilité à couvert et agir en toute sécurité.

Dans quelques brasseries, des verseuses d'origine allemande et portant le costume d'alsacienne, provoquent ouvertement à la débauche les habitués connus et peu regardants sur la dépense.

L'une de ces maisons occupe dix femmes, et de onze heures à deux heures du matin elles se livrent, à haute voix, à des conversations ordurières avec les consommateurs. Lorsqu'elles ont bu plus que de coutume, il en résulte des scènes scandaleuses. Elles s'injurient, soit parce qu'un client a changé de table, soit parce qu'un nouveau venu paraissant *sérieux* manifeste plus de largesse pour l'une que pour l'autre.

La patronne, quand ses filles sont ivres, déclare « qu'il en faut comme cela pour faire marcher le commerce. »

En principe, dans ces brasseries la robe montante est exclue et laisse place aux corsages décolletés qui ont toujours leur signification. Aussi, les verseuses, pour la bien spécifier, s'attablent, boivent et fument avec les clients jeunes ou vieux. Quelques-unes, afin de montrer de la bonne volonté, viennent se reposer sur les genoux des consommateurs. Elles imitent absolument ce qui se passe dans un estaminet de maison de tolérance.

Les employées de brasseries ne sont généralement pas la proie des souteneurs ; ceux-ci se rencontrent spécialement sur les hauteurs de Montmartre. Un seul quartier, du XVIII° arrondissement, possède vingt brasseries ayant plus de cent filles et plusieurs de ces établissements servent de lieu de rendez-vous aux malfaiteurs de toutes catégories. On y entend des dialogues étonnants où le jargon des prostituées se mêle au langage imagé des filous.

Au centre de Paris, l'amant de cœur des

filles de brasseries est le plus souvent un petit
employé; au quartier Latin, la place est prise
par un étudiant sans fortune.

Les verseuses logent dans les hôtels près des
brasseries où elles sont employées, cela permet d'y conduire avec facilité les individus auxquels elles offrent momentanément leurs faveurs.

A l'heure de la fermeture, elles sollicitent un
cavalier pour se faire reconduire. Le chemin
est court, mais elles ont peur de la solitude.

De la salle commune, je descends aux sous-
sols. Là, le vice y grouille en permanence et
les verseuses sont à leur aise pour se livrer à
toutes les excentricités possibles. Cela tient à
la difficulté qu'éprouvent les agents à maintenir les surveillances sans être reconnus. L'immoralité ne connaît pas de limite. Les entraî-
neuses vont de table en table, tutoyant l'un,
chantant avec l'autre, et faute de place s'étendent complaisamment sur trois ou quatre consommateurs. C'est l'étalage de la débauche cal-
culée, étalage honteux de provocation avec un
dévergondage d'idées et d'expressions aboutis-
sant à des actes obscènes. On peut dire : *Tout
s'y passe*.

Après ce fonctionnement intérieur, en vient
un autre. Je n'ai pas l'intention de décrire en
détail des tableaux où les passions et les vices
se donnent un libre cours.

Je commence par le jeu.

Les titulaires ou gérants, qui ont un motif spécial pour ne point se montrer sur les champs de
courses, organisent dans leur appartement par-

ticulier un petit cercle ouvert aux jeux de l'amour et du hasard.

Patrons et filles connaissent le maniement des cartes, combiné avec l'art de corriger ses erreurs. Sur la porte d'entrée des endroits où se tiennent les réunions clandestines à l'usage des deux sexes, on pourrait y accrocher cette enseigne :

« Ici, à tout coup l'on perd. »

La naïveté de la jeunesse y est exploitée en petit, mais avec sûreté et aux dépens de sa santé et de son argent. On la familiarise avec les jeux interdits, tels que le lansquenet, les dés, le pharaon, le passe-dix, le chemin de fer, en lui expliquant que le Code pénal est pour elle sans force et la police des jeux impuissante à réprimer les abus. Les joueurs résisteront tant que le jeu ne sera canalisé qu'avec des circulaires dont les unes défendent notamment le « baccara » dans les cercles de Paris, et les autres le réglementent dans les stations thermales balnéaires.

Les gens d'honneur, au jeu, sont excessivement rares et ne se montrent pas dans les arrière-salles, les sous-sols et les endroits particuliers des brasseries à filles, où le rôle des gens tarés, connus sous le nom « d'allumeurs », consiste à perdre les premières parties, afin de gagner les autres au moyen d'un adroit filage de cartes.

Après le jeu, je passe au chant et à la musique.

La Préfecture de police interdit aux propriétaires de brasseries de recevoir, sans autorisation, des chanteurs, des musiciens et autres artistes ambulants. Cette mesure n'atteint pas leur domicile privé. J'y ai entendu jouer du violon, toucher du piano, et j'ai vu pincer de la harpe, non pas à l'imitation du roi David pour chanter les louanges du Seigneur, mais bien pour accompagner une fille hommasse, à la voix de rogomme, aux gestes brusques, saccadés, se nettoyant, disait-elle, la bouche avec de l'absinthe et qui exhibait les formes et les beautés de l'homme et de la femme. Elle portait un costume composé de vêtements attribués aux deux sexes et, ainsi accoutrée, elle chantait avec une pantomime expressive un poème intitulé : *L'Hermaphrodite.*

Dans cette pièce de vers, œuvre d'un poète naturaliste, se trouvaient mêlés, le chant, la danse et les récitatifs. A la dernière strophe cette androgyne soulevait sa chemise.

Il faut être quelqu'un et posséder assez d'argent pour être admis dans ces sanctuaires où on entend des paroles, des histoires, des chansons qu'il serait impossible d'imprimer. On ne peut prononcer trois mots sans qu'ils ne soient accompagnés par des b... des f... des m... et autres expressions de ce genre.

Le fait suivant a été constaté :

Une entraîneuse, de onze heures à minuit, a répété vingt-six fois le mot attribué à Cambronne. Sa camarade lui en fit l'observation, elle s'en fâcha, et les deux servantes s'injurièrent. Elles finirent par se battre à l'instigation des personnes présentes qui exigèrent le complet déshabillé. Elles ne conservèrent que leurs bottines. Des paris furent ouverts, et la verseuse soi-disant offensée remporta la victoire aux applaudissements de ses parieurs.

La lutte avait été vive, acharnée; après s'être tiré les cheveux, après avoir roulé sur le tapis, elles se sont réciproquement égratignées et mordues.

Parmi les témoins de ce plaisir brutal, cruel, bête et sale, se trouvait la gérante de la brasserie, ancienne fille galante.

Du jeu, du chant, de la musique, des propos et des paris obscènes, j'arrive aux tableaux vivants où l'espèce humaine est représentée dans des poses plus ou moins pornographiques. L'intimité est complète, il y en a pour tous les goûts et pour tous les sens.

Dans une visite domiciliaire chez un gérant de brasseries à femmes j'ai trouvé installé un triple compartiment : celui réservé aux filles, celui nécessaire aux garçons et le troisième placé au centre reliait les deux sexes.

La majorité des titulaires de brasseries à femmes ne s'occupent pas de politique, ils n'ont que celle du laisser-faire le plus absolu. Leur but unique est de spéculer sur les amours faciles, et leur principal souci repose sur le résultat de la recette.

Comme les maîtresses de maisons de tolérance, ils s'entendent avec des restaurateurs, des marchands de vins, et servent à l'alimentation des cabinets particuliers.

Dans la brasserie de filles, depuis le patron jusqu'à la bouquetière, en passant par les garçons d'office, de vaisselle, la caissière et les servantes, tout le monde se tutoie, et s'entend pour exploiter le public. Chacun travaille pour son propre compte et les clients, qu'ils soient bien élevés ou grossiers, selon le quartier et l'arrondissement, paient et paieront toujours sans se douter qu'ils s'infiltrent, petit à petit, l'empoisonnement physique et moral.

Il est de bon goût de blâmer la police, qui tolère par le maintien des maisons de tolérance ce que la pure morale réprouve ; mais ces établissements sont surveillés, contrôlés, et les pensionnaires contaminées ne sortent de l'infirmerie de Saint-Lazare que radicalement guéries.

J'ai visité toutes les maisons de débauche, j'ai vu de près, en action, la haute et la basse prostitution, et je maintiens que parmi les établissements ouverts au public, les plus immoraux, les plus pernicieux pour la jeunesse sont les brasseries servies par des filles.

Anecdotes

Les gazettes judiciaires enregistrent assez souvent, avec de minutieux détails, les circonstances qui ont brisé la carrière, précipité la ruine, amené le déshonneur d'une infinité de jeunes gens trop enclins à fréquenter les brasseries servies par des filles. La presse, en général, ne cesse de signaler à l'autorité compétente ce genre de maisons devenues la véritable école de la débauche et du vice.

Si, parmi les vilaines actions qui s'y préparent, qu'on y commet, quelques-unes trouvent leur triste dénouement, soit sur les bancs de la Cour d'assises, soit sur ceux de la police correctionnelle, la plupart restent impunies ou font purement l'objet d'un article de journal ayant le caractère tragique.

En établissant la statistique des victimes de toutes les filles de brasserie, le total en serait affligeant.

Leur histoire est d'hier et malheureusement elle se reproduira demain, car les exemples ne servent à personne.

Je vais cependant augmenter d'un feuillet ce monstrueux livre de la vie parisienne, en relatant, à côté de la comédie du vice, des drames intimes échappés aux investigations des reporters, malgré leur intelligente et savante organisation.

Les caresses des servantes de brasserie sont toujours fatales. Jeunes, vicieuses, prêtes à tout pour de l'argent, ces jeunes filles prennent les naïfs, ruinent les vaniteux, sèment la jalousie et désorganisent les ménages. Cette dernière spécialité, la moins intéressante, n'est placée ici que pour compléter cette étude et montrer le spectacle habituel des faiblesses de la nature humaine.

J'ai encore présent à la mémoire la situation pénible de cette jeune fille venant solliciter la protection du préfet de police pour retirer ses parents d'entre les mains des époux X..., propriétaires d'une brasserie. Le père s'y ruinait au jeu et avec les verseuses; la mère, en voulant surveiller son mari, en était arrivée à manger à la même table que lui. Elle prit l'habitude de boire, et le ménage X... en profita pour lui jeter dans les bras leur neveu, auquel elle offrit un voyage sentimental.

M'appuyant sur l'âge du jeune homme, j'ai menacé les époux X... d'une poursuite en complicité d'excitation de mineur à la débauche; ils eurent peur et le couple vagabond fit sa réintégration au domicile conjugal.

En dehors de ce fait exceptionnel, il en est d'autres moins rares, et par cela même plus désastreux pour les familles : des hommes mariés qui, tout en se laissant voler leur argent, rapportent chez eux une maladie contagieuse inconnue des honnêtes femmes, et qu'elles n'ont point mérité de posséder.

En consultant mes notes, je remarque ce cas isolé d'une femme abandonnant son mari pour entrer, par goût, par tempérament, comme servante dans une brasserie.

La lettre la concernant m'a été remise par un enfant de onze ans, chargé des fonctions de chasseur dans une brasserie de filles.

« Le porteur de ma plainte, disait le mari trompé, est un gamin qui pourra vous renseigner sur les agissements de ma femme; il l'a vue se laisser embrasser par les clients de la maison. C'est pour vous l'occasion de le consulter sur la moralité du rôle que ses ignobles patrons lui font remplir.

» La conduite que mène mon épouse est scandaleuse, elle compromet notre avenir et *sa dignité;* elle m'a quitté depuis trois mois pour se mettre servante, et vous la trouverez actuellement à la brasserie....., rue de Vaugirard, où, à chaque fois que je me présente, je suis insulté par elle et ses camarades.

» Les agents des mœurs ne pourraient-ils pas arrêter ma femme comme vagabonde? Elle se fait appeler *Mutine,* un faux nom, et loge à l'hôtel situé en face de sa brasserie, hôtel qui m'est consigné, malgré et surtout en ma qualité de mari. Elle se retranche derrière son acte de mariage pour mieux se livrer à la prostitution au quartier Latin. Ma femme n'a pas encore dix-neuf ans, et voilà seulement huit mois que je suis marié. Son portrait vous montrera qu'elle est jolie, coquette, vicieuse, et cette photographie permettra aux agents de la saisir pour lui enjoindre d'avoir à rentrer avec celui qui n'a pas le courage de l'abandonner à ses déportements. »

Après la lecture de cette lettre j'interrogeai le messager.

L'enfant, d'intelligence précoce, savant comme un homme, m'apprit qu'étant à la charge d'une vieille tante, inscrite au bureau des secours, celle-ci croyait ouvrir une carrière à son neveu en lui faisant mettre une livrée de chasseur. Elle le trouvait gentil ainsi costumé et depuis un an il ouvrait les portes et servait de petit mercure galant aux filles de la brasserie.

Retiré par mes soins de ce milieu malpropre, aujourd'hui ce jeune homme appartient au personnel de l'administration des Postes et Télégraphes.

La présence de femmes mariées parmi les verseuses a lieu de surprendre, mais presque toutes possèdent l'autorisation de leurs maris, peu scrupuleux sur le choix d'une profession pour celles qui portent leur nom. J'en ai cependant connu un dont la nature exceptionnelle a causé la perte. Agé de cinquante ans, vieux garçon, comptable au ministère des finances et avec cela bon joueur de clarinette, il s'était follement épris de sa voisine, jeune brodeuse, qui venait d'atteindre sa majorité. Le mariage se célébra, mais à la condition que le vieil amoureux cesserait de faire usage de son instrument à bec et à vent.

Six mois ne s'étaient pas écoulés que l'employé tombait malade, maladie toute morale. Il disait à son docteur : « Je n'ai jamais eu que deux passions dans ma vie : mon épouse et ma clarinette; il ne m'a pas été possible de satisfaire la première sans sacrifier la seconde. Ma femme comprend difficilement la beauté, la rondeur des sons, là voix mélodieuse d'un semblable instrument; elle n'y voit que des imperfections, et je vous l'affirme, docteur, j'en joue fort bien, car la clarinette ne souffre point de médiocrité.

Un beau soir la brodeuse disparut après une scène conjugale dans laquelle, à bout d'arguments, elle traita son mari de « vieux chalumeau. »

L'employé, par une lettre remplie de bons sentiments, demanda sa recherche. Elle fut retrouvée servante dans une brasserie de filles.

M. Lecour, chef de la première division, fit venir le brave homme à son cabinet et lui apprit la triste et cruelle vérité.

Le lendemain sur la route de Choisy-le-Roi, deux gendarmes en tournée de surveillance ramassent le « vieux chalumeau ». Il était couché en travers d'un tas de pierres, les yeux fixés vers le ciel, la bouche ouverte et tenant une clarinette à la main.

Devenu fou, il est actuellement pensionnaire à l'asile de la ville Evrard, et sa femme, aujourd'hui gérante d'une brasserie, lui rend visite chaque fois qu'elle a envie d'aller manger, avec un amateur, une friture sur les bords de la Marne.

Qui pourra jamais analyser les mystères du cœur humain, petite scène où se jouent les plus grandes, les plus sinistres tragédies ! Cette question philosophique s'étend profonde, dans la multiplicité de ses détours, depuis la jeunesse jusqu'à l'âge mûr. Pris dans toutes les conditions sociales, les jeunes gens croient, dit-on, au *talisman* de la fille de brasserie. En cela leur foi est pareille à celle des vieillards qui attachent un fétiche au pouvoir étrange que possèdent sur eux les danseuses de l'Opéra. Singulier rapprochement ! En tous points cette passion naît et vit sans la moindre variété.

Aux feux de la rampe, le corps de ballet exerce la même attraction qu'opèrent les filles de brasseries animées par les liqueurs, les fards et la lumière qui leur procurent une santé factice sous une apparente profusion de vitalité.

Les costumes pittoresques, chatoyants, les décolletages ménagés, mettent en relief ce qui charme davantage, et dans les brasseries comme dans les théâtres, danseuses et filles aux manières libres, aux sourires aimables sans cesse épanouis provoquent les caractères faibles et agissent de la même façon sur les habitués avec cette seule différence : chez les jeunes, la nature aide l'imagination ; chez les vieux, l'imagination aide la nature. L'effet est similaire, incontestable. Les filles de brasseries ont leur cour, leurs fidèles, ainsi que les danseuses traînent à leur suite un cortège d'abonnés.

J'en reviens à cette fille qui verse à boire avec son soi-disant *talisman* toujours effroyable pour le jeune homme sur lequel il agit, car au lieu d'être un préservatif contre les mauvaises influences, comme les anciens peuples en avaient la conviction, il les détermine toutes au contraire en amenant la honte, la maladie et la mort.

Les histoires navrantes qui vont suivre en fourniront les preuves, et pour n'avoir point figuré dans les faits divers des journaux, elles n'en sont que plus exactes.

Les jeunes gens privés de fortune, une fois sous le charme des filles de brasseries, en arrivent d'oubli en oubli, de concessions en concessions, à commettre des indélicatesses, des abus de confiance, des vols, des faux. Ils commencent par exploiter la famille. Que d'or détourné à leurs parents a passé dans les sacoches de ces filles? Que de bijoux maternels sont allés se fixer aux oreilles, aux bras et aux cous de ces prostituées?

On va vite une fois lancé sur la mauvaise pente. Insensiblement le sens moral s'oblitère et l'on ne tarde pas à forcer la caisse du patron ou à mettre en circulation de faux billets commerciaux.

Les exemples en sont nombreux.

B..... à seize ans était employé chez un négociant en dentelles. Pour augmenter son modeste traitement, il détourne cinq mille francs de marchandises qu'il offre à une fille de brasserie. Le père, au désespoir, arrive à Paris, désintéresse le patron et repart avec son fils.

L.... a dix-neuf ans et n'en paraît pas quinze. Sa mère veuve et alitée attendait les appointements de son fils (150 fr.) pour payer les fournisseurs. Au lieu de rentrer, il se laissa entraîner par le patron d'une brasserie, et les consommations furent si fréquemment renouvelées que pendant huit jours il ne quitta pas l'établissement.

Il perdit sa place et sa mère inquiète le fit

rechercher. On le trouva ivre. Il avait pris pension dans la brasserie où il avait droit au coucher. Sa mère porta plainte contre le propriétaire de la maison, mais celui-ci se rendit chez elle et lui présenta plusieurs billets souscrits par son fils portant de fausses signatures. L'affaire n'eut pas de suites et le commissaire de police en interrogeant cet honnête industriel lui dit : Vous excitiez ce jeune homme à la dépense?

— Je le reconnais, mais sa mère l'avait fait émanciper ; et notre rôle, à nous autres patrons de brasserie, n'est-il pas de montrer l'exemple aux servantes ? Et il ajouta en manière de conclusion : Ce ne sont pas les gens vertueux, se couchant à neuf heures du soir, qui font vivre nos genres d'établissements.

En amour, comme en politique, les écrits sont souvent dangereux.

La tentative de chantage dont K... a été l'objet, va le démontrer une fois de plus.

Fils d'un notaire d'une grande ville de province, il vient à Paris pour y suivre les cours de la Faculté de droit. Il travaillait assidûment; sa conduite régulière, sa moralité à l'abri de reproches, se complétaient par une qualité dominante, la candeur, et ses camarades plaisantaient agréablement son ignorance ridicule sur certains sujets.

Ils le conduisirent dans une brasserie de filles en lui recommandant de fermer les yeux. Au lieu de les fermer il les ouvrit, car le lendemain et les jours suivants, il y revint seul et à partir de ce moment sa manière de vivre changea.

Une de ces drôlesses, prévenue ou devinant sa naïveté et son inexpérience, lui raconta ses malheurs. Orpheline, elle avait été trompée, volée par son tuteur, et pour vivre, elle occupait la place de servante ; cette existence l'écœurait et dans l'ivresse elle cherchait l'oubli.

K... devint éperdûment amoureux de sa première conquête et, tout entier à sa passion, il se laissa guider par elle sans autre soin que de la contenter.

Les vacances arrivèrent, l'étudiant retourna momentanément dans sa famille et une correspondance en vers et en prose fut échangée entre les deux amants.

La verseuse annonça une grossesse. K..., tout ému, en parla à son père ; et dans sa joie, il laissa échapper le mot de mariage.

L'officier ministériel connaissant la faiblesse de caractère de son fils, interrompit ses études et l'expédia à son beau-frère, capitaine de frégate, qui lui fit faire un voyage au long cours, puis il attendit le résultat de l'accouchement.

Il reçut le portrait du « cher petit », sa mère le tenait entre ses bras. Au bas de la photographie, ces mots étaient tracés avec de l'encre verte :

« L'œuvre de votre fils. »

Le père de K... garda le silence, tant vis-à-vis de son fils qu'à l'égard de sa maîtresse.

Une première lettre arriva, simple, touchante, respectueuse ; il ne répondit pas ; mais elle fut bientôt suivie de plusieurs autres écrites sur un ton menaçant. On réclamait impérieusement soixante francs par mois nécessaires à la nourrice, femme très exigeante, ou la somme de dix mille francs pour assurer l'entretien et l'avenir de l'*enfant*.

Le mutisme du père de K... finit par agacer la servante, elle se mit en route et pénétra dans l'étude suivie de la nourrice en possession du bébé. Elle voulait savoir ce qu'était devenu son amant pour l'obliger à remplir les engagements qu'il avait pris dans sa correspondance et, à l'appui de ses assertions, elle montrait au premier clerc un paquet de lettres qu'elle avait l'intention de faire publier dans un des journaux de la ville.

Le notaire, de plus en plus inflexible, refusa d'entendre l'aimable maîtresse de son fils. Elle fit alors du tapage, du scandale, et s'emparant d'un presse-papier, elle le lança dans une vitre de l'étude.

C'était payer d'audace, mais elle jouait une partie et, dans son plan elle devait, par tous les moyens possibles, passer pour victime.

Le notaire la fit arrêter et, en présence du commissaire central de police, elle put enfin voir celui qui l'avait tant exaspérée par son mutisme.

La fille expliqua les motifs de ses vivacités basées sur des griefs indiscutables, puisqu'elle en fournissait la preuve par des témoignages écrits.

Le magistrat prit le paquet de lettres qu'elle lui tendait et le présenta au notaire qui reconnut en effet l'écriture de son fils.

A la grande satisfaction de la plaignante, le

commissaire fit à haute voix la lecture d'une partie desdites lettres.

Son amant s'engageait, dans le cas où la famille refuserait le consentement au mariage, à reconnaître et entretenir l'enfant dont il se croyait le père.

— Je ne puis, répondit l'officier ministériel, qu'approuver mon fils d'avoir émis de pareils sentiments, et je serais disposé à faire droit à ses engagements, si mademoiselle, ici, comme à Paris, ne continuait pas une infecte comédie qui n'a que trop duré ; je vais en quelques mots anéantir ses savantes combinaisons.

Mon enfant a connu mademoiselle servante dans une brasserie et, pour se l'attacher, elle a simulé une grossesse. La nourrice qui l'accompagne n'est autre que sa complice, une sage-femme sans clientèle, car l'enfant lui appartient. Je connaissais depuis longtemps les manœuvres de chantage dont j'allais être l'objet par un camarade de mon fils, celui-là même qui avait eu la mauvaise pensée de lui ouvrir, sans toutefois en prévoir toutes les conséquences, les portes d'une brasserie à filles.

La verseuse resta interdite et son accusateur pria le commissaire de la remettre en liberté malgré ses déplorables antécédents. A vingt-deux ans son casier judiciaire mentionnait déjà deux condamnations pour vols.

Les filles qui circulent autour des tables poisseuses et s'étendent par habitude sur les divans usés sont naturellement discrètes sur ce genre de malheur.

Le principal délit commis par elles est celui qualifié de complicité de vol par recel.

L'une d'elles avait trouvé le moyen d'approvisionner la boutique de son père, brocanteur, avec des objets détournés dans les collèges. En trois mois, quinze montres disparurent du lycée X... Le proviseur vint me trouver et l'on fit surveiller deux jeunes gens sur lesquels planaient les soupçons. Ils furent arrêtés rue Monsieur-le-Prince, au moment où ils sortaient d'une maison meublée, spécialement affectée aux filles de brasseries. Honteux et repentants, ils entrèrent dans la voie des aveux, et la perquisition opérée dans la chambre de leur commune maîtresse amena la découverte et la saisie d'une montre, d'un pince-nez et de neuf canifs. Chez le brocanteur on retrouva les autres montres, des boîtes de compas, des crayons, des plumes et des règles.

A défaut d'argent, les vols commis par ces deux enfants, servaient à entretenir les liaisons amoureuses.

Dans mon étude sur le service de sûreté, j'ai raconté l'histoire navrante de ce fils d'un grand constructeur du XX° arrondissement, qui s'était épris de la première inviteuse d'une brasserie installée non loin de la place de la Bastille. Malgré les sages exhortations de son père et celles de sa mère, alors mourante, il quitta sa famille et alla se cacher dans un garni, sous un faux nom, en compagnie de sa maîtresse. Pour subvenir à leurs besoins, il commit des escroqueries chez les fournisseurs de son père.

Le service de sûreté fut chargé de sa recherche et, au moment où les agents pénétraient dans sa chambre, il tenta de se brûler la cervelle. Le père intervint, paya la dette, et le fit engager. Peines inutiles ; il continua par correspondance ses rapports avec sa verseuse et, dix-huit mois après, il désertait pour la rejoindre en emportant des fonds dont il était comptable. Arrêté cette fois, il fut condamné par un conseil de guerre et envoyé dans un pénitencier de l'Algérie.

Lorsque les agents ont voulu s'emparer de ce jeune homme avait-il bien l'intention de se casser la tête ? C'est probable. Les enfants se tuaient rarement autrefois, aujourd'hui ils paraissent renoncer à vivre avant d'avoir vécu, et les suicides *infantiles* suivent une marche progressive des plus alarmantes.

La jalousie excitée à dessein par les verseuses amène la plupart des suicides, c'est une réclame, aussi favorable pour elles qu'un duel sérieux, dans la vie galante de certaines actrices : cela fait du bruit, flatte leur vanité et leur donne aux yeux des adorateurs un charme de plus.

Un maréchal des logis du 19° régiment de dragons s'est tué pour la première servante de la brasserie installée près du Champ-de-Mars. Celui-là était majeur ; mais il n'en est pas de même du jeune N... qui, trois mois auparavant, envoyait ce billet à sa maîtresse, une inviteuse : « Je t'aimais, tu m'as trompé, et c'est encore en présence de ton portrait que je me tue, en avalant une dose de cyanure de potassium. »

Ce jeune étudiant, un médecin, s'est en effet empoisonné. L'enquête établie à son sujet a démontré qu'il aimait sa verseuse à la folie et cependant elle s'était livrée à lui le soir même de leur rencontre, après avoir énuméré le nombre de ses protecteurs. Ce n'était pas lui donner une haute idée de sa moralité, mais il l'aimait; et, pour échapper aux poignantes obsessions de la jalousie, il préféra se tuer.

Une de ces maîtresses d'occasion possédait, comme certains hommes, le « mauvais œil ». Quand elle n'engageait pas les jeunes gens à commettre des actions délictueuses, même criminelles, elle les poussait au suicide. Très connue au quartier Latin ou dans les brasseries à filles elle simulait des crises hystériques pour obtenir, au milieu d'applaudissements, des soins de la part d'étudiants en goguette. La fumisterie se terminait par le contenu d'une carafe d'eau versé cérémonieusement sur la femelle ainsi exhibée.

Deux enfants ont été ses victimes.

Le premier avait dix-sept ans. Pour satisfaire les caprices de la servante qui l'entraînait à d'excessives dépenses, il força la caisse de son patron. Pris de remords, il en fit l'aveu à ses parents, et se planta une lame triangulaire dans le cœur au moment où son père, les larmes aux yeux, lui disait : « Je t'avais prédit que cette fille nous porterait malheur. »

En apprenant cette nouvelle, elle éclata de rire.

Sa seconde victime, élève à l'école de Com-

merce, âgé de dix-neuf ans, était le fils d'un
négociant en vins de Bordeaux. Nature sombre,
ombrageuse et aimante, il ne croyait pas sa
maîtresse capable, malgré ses protestations, de
lui rester fidèle en servant des bocks. Après
plusieurs scènes de jalousie, il l'obligea à quitter son métier. Elle y consentit et se retira dans
une chambre de la rue de Seine. Son amant fit
largement face à toutes ses fantaisies. Appelé
subitement par dépêche, à Bordeaux, à la suite
du décès de sa mère qu'il adorait, il partit, et,
à son retour, il trouva la chambre vide. L'oiseau
s'était enfui. Soit la douleur de la perte de sa
mère, soit torturé par la maladie morale de la
jalousie, il se tua après avoir tracé ces lignes :

« Pendant mon pieux pèlerinage tu t'es mo-
quée de moi. Je t'avais retirée de la brasserie,
tu y es retournée reprendre ta vie folle et
bruyante, moi je me tue par besoin de repos. »

Cette fille à sacoche, en recevant cette lettre,
se contenta de dire à ses pareilles :

« L'imbécile, il arrivait de sa province et
meurt de mes infidélités, mais heureusement il
me reste celui qui en vit. »

Ces jeunes gens ont été gravement coupables ;
et, croyant mourir pour une femme, ils servent
de marche-pied aux apothéoses des filles perdues.

Au fond, toutes les filles placées en haut ou
en bas de l'échelle de la vie galante, détestent
les hommes faibles, pusillanimes, et c'est là l'u-
nique raison de l'existence des souteneurs.

Certains peintres de tableaux religieux recrutent leurs modèles de vierges et de saintes dans

le monde des prostituées. A l'encontre, j'ai reconnu à la Morgue une jeune fille entrée servante de brasserie, malgré son parfait état de continence. Je me hâte d'ajouter que c'est une exception, et, par dégoût du métier, elle a mis fin à ses jours.

Voici, dans les deux lettres suivantes, l'histoire de cette enfant que des exploiteurs de la débauche avaient fait venir du fond de la Bretagne :

« *A Monsieur le Chef de la Sûreté, à Paris.*

» Monsieur,

» Ce matin, une honorable femme de notre village m'apporta au presbytère, une lettre en me priant de lui en donner connaissance. La tâche fut cruelle, et ce n'est pas en vain que j'appelai la religion à mon secours.

» La pauvre femme me demanda ensuite d'agir en son nom pour sauver, s'il en était temps encore, l'infortunée qui avait écrit ces pages désolantes. J'eus la pensée de vous faire parvenir ce triste document, dernier cri d'angoisse d'une âme autrefois acquise à Dieu et élevée comme une des plus fidèles brebis de mon troupeau. Il est regrettable qu'un manque d'expérience ait précipité dans le tourbillon du vice parisien une créature dont le repentir me paraît sincère et que son passé honnête peut rendre digne de commisération. Puisse votre zèle, Monsieur, prévenir une catastrophe.

» Une bonne réponse de vous calmerait les

17

appréhensions d'une mère pleurant sur la triste destinée de sa fille. Pour gagner un temps précieux, je joins la traduction de cette lettre, écrite en dialecte patois, dont la simplicité touchante m'a profondément ému.

» Recevez, Monsieur le Chef de la Sûreté, l'assurance de ma parfaite considération.

» G...,

» Curé de X... (Finistère). »

Traduction :

« Ma pauvre mère,

» Tu m'as su malade et me rappelles au pays ! Le pays ! Pourquoi l'ai-je quitté ? N'aurait-il pas mieux valu y mourir de misère que de honte ici !

» A toi, ma première et dernière confidente, je dis adieu, en confessant mes douleurs, mes fautes, leur châtiment, mon désespoir, tout enfin, parce que seule, après Dieu, tu as le droit de me demander compte de ma vie. Ton souvenir, tes conseils m'ont suivie partout, et en y faillissant le remords me rejette encore dans tes bras. Me recevront-ils ? Car si tu peux pleurer ouvertement mon frère aîné, mort sous les drapeaux ; à moi, ta fille indigne, tu ne saurais accorder que des larmes furtives, si toutefois tu ne me maudis pas.

» Ah ! que toutes mes misères retombent sur ce Kratz de malheur !

» Tu te rappelles ? François venait de partir

pour le régiment; je te vis, sans soutien, avec
mon père infirme et mes deux jeunes frères
n'ayant pour unique ressource que le rude labeur des champs et mon travail d'aiguille : peu
de chose, les gens de nos villages sont si pauvres !

» Ce maudit Kratz vint un soir; nous par-
lions de nos éternelles luttes pour la vie. Je
vois encore tes grands yeux où brillait la fièvre
fixés sur une lettre de François nous demandant de payer une dette contractée à l'hôpital.
Kratz parut et nous fit entrevoir une place
avantageuse dans laquelle je pourrais exercer
mon état de lingère.

» Les promesses étaient superbes : presque
le bien-être pour des besoigneux! Il m'avait,
disait-il, découvert un emploi dans une famille.

» Qui donc pouvait craindre la perfidie de ce
misérable recruteur de servantes? Je t'en con-
jure, ma mère, démasque-le : dis à tous qu'il
recherche les filles dans le seul but de les
perdre.

» Il me plaça, l'infâme trafiqueur, mais comment?

» D'abord, je ne me plaignis pas, quoique les
habitudes parisiennes fussent contraires à mes
goûts; j'oubliais volontiers mes rancœurs,
quand, au bout du mois, deux belles pièces d'or
bien gagnées roulaient vers la Bretagne ; mais
au lieu d'être chez des bourgeois, comme je
l'avais cru en comprenant à tort. que ce titre
s'appliquait indistinctement à ceux qui n'étaient

pas paysans, je faisais office de lingère dans
une brasserie. On ignore chez nous ce genre
de cabaret indigne, où la débauche s'étale sans
pudeur ! Un soir, l'etablissement regorgeait de
monde, ma patronne vint dans la salle où je
travaillais. « Louise, me dit-elle, nous ne sa-
vons plus où donner de la tête, vous seriez bien
gentille de nous aider.

» — Servir à la brasserie ?

» — Ce soir seulement. »

» J'ai cru devoir obéir. Une heure après
j'étais tout autre, la chaleur me saisit, la fumée
m'étouffait. Ces cris, ces bruits, ces rires m'étour-
dirent et autour de moi j'entendis des propos
grossiers, des provocations offensantes. Ahurie,
hors de moi, mon attitude attira l'attention et
j'aurais voulu disparaître pour me dérober à ces
regards importuns.

» Le lendemain, pareille cohue. La patronne
ne m'avait ni trouvé de remplaçante ni préparé
d'ouvrage. Pouvais-je rester les bras inertes en
présence de mes maîtres occupés ? Je servis
avec une gêne visible, un dégoût insurmonta-
ble. Les filles, horribles d'effronterie me grati-
fièrent d'épithètes malveillantes, parce qu'indi-
gnée, je feignais de ne pas voir leurs actes re-
poussants.

» Je me plaignis de ces outrages et la patronne redoubla d'encourageants égards ; néanmoins, ma conscience se révoltait. La nuit, des
cauchemars, la migraine s'ajoutaient à mes
remords, et des songes, en m'apportant les
cruels reproches de ma mère, me retraçaient

les jours où mon cœur et mon esprit respi-
raient en liberté l'air pur de notre Bretagne.

» Je voulus partir ; ma patronne me retint
en m'assurant que la poussée de travail finie
avec les examens, me permettrait de reprendre
mon ouvrage ordinaire. Crédule, je restai tout
en désirant une autre place ; mais où et à qui
m'adresser ? Au bureau de placement de Kratz ?
Jamais. Aux habitués de la maison ? Des uns
j'obtenais un sourire incrédule, des autres une
promesse banale et de tous un profond mépris.
Dois-je achever cette histoire navrante, dont la
confession est, en elle seule, un cruel châtiment ?

Une réserve habituelle taxée d'hypocrite prudence m'attira la haine de ces filles sans nom.
Ma lutte pour éviter leurs exemples les irri-
tait ; elles s'unirent et, pour dompter ma
résistance, m'enivrèrent. La timidité maladroite
du jeune homme auquel je fus livrée nous attira
les surnoms de : Daphnis et Chloé. Les jours
suivants il me rechercha, et je répondis à une
sympathie paraissant sincère, mais la brasserie
n'était pas pour mon amant ce qu'elle était
pour moi : une horreur. Je rougis de lui avoir
prêté mes goûts : il a dû me trouver bien simple ! Aussitôt que les filles le virent un peu
« dégrouillé », comme elles disent dans leur
hideux langage, elles songèrent à me l'enlever :
il était riche. La fuite aurait pu leur soustraire
une proie inconsciente, mais le malheureux
refusa de partir et je m'aperçus qu'il changeait
beaucoup et très vite. Je l'ennuyais, n'ayant

plus assez d'innocence ou trop peu de roueries ; en m'attachant à sa personne, je ne réussis qu'à le lasser. Il me trompa avec une infecte créature qui eut la barbarie de me jeter cet aveu en public.

» Folle de colère je quittai la brasserie, mais mon séjour dans un pareil établissement n'était pas une recommandation, et l'absence de certificats me fit fermer les portes des maisons convenables. A l'hôtel, je contractai des dettes, on m'expulsa en conservant ma malle, et pour manger, oui pour manger je descendis alors d'échelon en échelon, retournant malgré moi à cet endroit maudit où la fatalité me rejetait, et, aujourd'hui, lasse d'une incessante lutte, n'ayant pu imposer silence à mes dégoûts, je préfère mettre un terme à cette vie infernale qui me tue de toutes les façons. Pardonne-moi ma bonne mère et trouve une excuse pour celle qui en a tant besoin. Je t'entends me crier : « Reviens au pays ! » Mais qui donc serait assez charitable pour ne pas me montrer du doigt ? Je veux t'épargner cet opprobre, et mes frères, ignorant les larmes que m'ont coûté l'argent employé pour eux, croiront au moins pouvoir défendre ma mémoire.

» Ta malheureuse enfant,

» LOUISE P... »

A ces lettres se trouvait annexée l'adresse de la brasserie où elle était en service, ce qui a permis de dresser, au greffe de la Morgue, le procès-verbal de reconnaissance, sans cela on aurait inhumé Louise P... comme inconnue.

Vertueuse réunion

Quelques étudiants du code et du codex éprouvent, tout comme la Préfecture de police, et cela deux fois par année, le sentiment d'une vertueuse indignation. Au commencement du printemps, ils s'occupent des filles; et vers la fin de l'été, des souteneurs. N'ayant qu'une médiocre confiance dans le zèle préfectoral, ils cherchent, comme pour le jardin du Luxembourg et le bal Bullier, à prendre l'initiative pour la moralisation de ce qu'ils appellent le « quartier Latin. » Mais en voulant agir avec trop de vivacité, ils l'ont au point de vue des mœurs, rendu encore plus malade. Aujourd'hui, c'est un vaste lupanar.

Je ne traite ici que la question des brasseries à femmes, question toujours d'actualité et à laquelle il faudra enfin donner une solution.

Je vais, en attendant, reproduire le compte rendu d'une réunion unique en son genre.

Vers la fin du mois d'avril 1883, des affiches multicolores apposées sur les vespasiennes du cinquième et du sixième arrondissements convoquaient les jeunes gens des écoles salle de l'Hermitage.

L'ordre du jour était ainsi fixé : « Mesures à prendre contre la prostitution clandestine. »

A la même époque on distribuait sur la voie publique, au bal Bullier et dans les brasseries, des prospectus bleus, blancs et rouges dont la teneur suit :

UNION DE LA JEUNESSE DES ÉCOLES
pour la
SUPPRESSION DE LA PROSTITUTION CLANDESTINE

GRANDE RÉUNION PUBLIQUE CONTRADICTOIR^e

Vendredi 11 mai 1883, à 8 h. 1/2 |

Salle de l'Hermitage, 29, rue de Jussieu

ORDRE DU JOUR :

SUPPRESSION DES BRASSERIES DE FEMMES

Prix d'entrée : 50 *centimes*

LES DAMES SONT ADMISES

En voici *de visu,* et surtout *de auditu,* la sténographie exacte :

— Huit heures. — La salle de la rue de Jussieu ne contient habituellement que trois cents personnes, elle est bondée de spectateurs évalués à cinq cents. On y étouffe. Assemblée houleuse, échange de poignées de mains, conversations bruyantes. Chacun blâme ces jeunes gens qui cherchent à supprimer les brasseries de filles.

— Huit heures quinze minutes. — Déjà on prévoit que la réunion sera tumultueuse.

— Huit heures et demie. — Le tapage commence en voyant apparaître sur la scène trois jeunes gens qui veulent constituer le bureau.

Au milieu des cris et du refrain : Le beau Nicolas, ah ! ah ! ah ! un de ces individus se *nomme* président.

Impossible d'entendre son nom ni celui des deux assesseurs *qu'il nomme* vice-présidents.

Le bureau composé, le président agite en vain sa sonnette, on le hue. Les uns l'appellent *maquereau (sic)*, les autres applaudissent. Un charivari indescriptible se produit. Président, assesseurs, public, tout ce monde parle à la fois et on ne comprend pas un mot.

Les deux vice-présidents se passent tour à tour la sonnette pour réclamer le silence. On les envoie *à Chaillot*.

— Neuf heures. — Un silence relatif s'établit, ce qui permet à la sonnette de se reposer. Un jeune homme de vingt ans au plus monte sur la scène, car il n'y a pas de tribune, et le président avec un fort accent du Midi s'exprime en ces termes : Je me contenterai de diriger les débats avec impartialité et je donne la parole à M. Philibert, c'est-à-dire au premier orateur inscrit.

A peine ce nom est-il prononcé que les spectateurs se lèvent, montent sur les banquettes, agitant cannes et parapluies. « Laissez-le parler », crient les uns. « À la porte ! » hurlent les autres .

M. Philibert a le visage pâle, et malgré son air pensif et doux, il tient courageusement tête à l'orage et lance ces mots : « Nous voulons, mes amis et moi, faire œuvre de réformateurs. »

Cette phrase est accueillie par des ah ! ah ! ah !

L'orateur reprend :

« Vous êtes des fumistes et je *numéroterai* ceux qui veulent m'interrompre. »

Aussitôt des protestations surgissent, c'est à qui s'approchera de lui, heureusement personne ne peut remuer et cela finit par un formidable éclat de rire.

M. Philibert essaie de parler, mais au bout de dix minutes il est obligé de descendre de la scène. A en juger par les lambeaux de phrases entendues, l'orateur réclame le balayage de toutes les vendeuses d'amour, tant sur les trottoirs que dans les brasseries de filles, il voudrait voir la prostitution circonscrite dans des maisons spéciales. Ce serait, d'après lui, le seul moyen de régénérer la France.

A cet orateur en succède un autre qui paraît âgé d'au moins quarante ans. Ce vétéran de la rhétorique se présente au milieu des cris.

Le Beau Nicolas, la chanson à la mode, est de nouveau entonnée, puis l'on chante : *Esprit saint, descendez en lui.*

— Dix heures. — Le second orateur peut enfin obtenir un peu de silence. Il en profite pour s'étonner que M. Philibert, ayant à peine vingt ans, ait déjà des idées de *pruderie* comme une vieille Anglaise. Pour sauvegarder sa vertu, ce fils de M. Prudhomme va sans doute nous demander aussi la suppression des amourettes, du *collage* et de l'adultère. Si vous supprimez les brasseries servies par des femmes, que mettrez-vous à leur place ?

— Vous ! lui est-il répondu !... Et les chants, les cris recommencent.

La sonnette présidentielle, fortement agitée, permet à l'orateur de crier au lieu de parler ; il continue :

— Si vous supprimez les brasseries, les femmes seront obligées *d'aller* dans la rue, et Camescasse les arrêtera !

On crie : Bravo, et l'on chante « Camescasse » sur le rythme des lampions.

On rit à se tordre, l'orateur se couvre et rentre dans la coulisse.

Un autre discoureur se montre sur la scène et profite d'une légère accalmie pour expliquer que la suppression des brasseries de filles développera les passions honteuses, et qu'il ne sera plus possible d'aller... dans une vespasienne, sans être arrêté.

A ces mots, le charivari recommence, on l'appelle *membre de la famille catholique*. Les cris redoublent, et, devant cette attitude du public, il se retire pour céder la place à un quatrième orateur, qui s'empresse de dire : Moi, je ne m'occupe point des brasseries, mais je voudrais savoir ce que l'on va faire de la recette ?

La salle entière éclate en bravos, et M. Philibert, qui a eu la malencontreuse idée de montrer sa figure à l'angle de la coulisse gauche, est immédiatement interpellé pour répondre à la question posée.

Il cherche à s'expliquer, mais on lui parle de sa famille, de ses enfants, de sa bonne, de son curé, et chacun lui adresse des plaisanteries de de mauvais goût avec plus ou moins d'aménité. Il prend le parti d'en rire, cela réussit, puisqu'il se retire tranquillement.

— Dix heures et demie. —

A ce moment, deux servantes ou habituées de brasseries, seules filles qui se trouvent dans la salle, sont enlevées et portées sur la scène.

Les chaises des assesseurs leur sont offertes.

Le public applaudit à faire crouler la salle et se met à chanter : Les voilà ! les voilà !... Ah ! ah ! ah !

Au bruit de la sonnette agitée avec force, l'assemblée devient calme et le président annonce que Mesdemoiselles Marguerite et Joséphine vont successivement parler.

Marguerite, petite, maigre, coiffée à la chien, prend un air de combat : elle rejette la tête en arrière, étend le bras, ouvre la bouche et s'écrie : J'aime la lutte... le fracas...

Dans la salle, on répond : Ah ! ah ! ah !

La femme orateur laisse alors retomber son bras et de ses lèvres s'échappent des mots sans suite parmi lesquels se trouvent ceux-ci : Fièvres amoureuses, ardeurs des hommes, passions brutales. Dans l'impossibilité de continuer, elle cherche à lire un papier que lui remet une main secourable.

On entend :

Otez l'eau du chat qu'expire, appel des démons....

Mi-a-ou, mi-a-ou, crie-t-on dans la salle.

— Une voix : On demande un traducteur !

— Autre voix : Avec un peigne.

Marguerite se rassied au milieu de huées mélangées de bravos.

Le président déclare que la traduction est fort simple : Othello, dans Shakespeare, n'appelle-t-il pas Desdémone « sa belle guerrière :

Hilarité générale.

— Maintenant c'est à M^{lle}Joséphine, et je réclame pour elle votre indulgence.

Joséphine, nature plantureuse, a les cheveux relevés, la physionomie douce et les allures bon garçon.

Elle s'exprime ainsi :

— Mes bons petits amis (applaudissements), mes chers petits amis (nouveaux applaudissements), c'est gentil d'applaudir, mais c'est très laid de débiner (*sic*) les brasseries. Si on fermait ces établissements, où irions-nous ?

— Dans nos bras, crie la salle entière.

— Pour faire des bêtises, alors, a-t-elle ajouté. En attendant, allons prendre des bocks.

Les bravos se mêlent aux sifflets, et les deux filles disparaissent à leur tour dans la coulisse.

L'homme à *la recette* remonte sur la scène et demande où l'argent *passera*.

Le président croit que c'est une insulte pour le bureau et pendant dix minutes on ne voit que des bras qui s'agitent ; on s'attend à une bagarre.

L'homme à *la recette* tient bon, et le président est obligé de s'expliquer. Il déclare qu'il y a 165 francs de frais pour l'affichage et la location de la salle, et que l'excédent sera versé à la caisse du « Sou des Ecoles. »

Un des assistants propose la clôture en disant : Il ne suffit pas toujours de *rigoler*, il faut aboutir.

Plusieurs ordres du jour sont proposés. Le suivant obtient la priorité :

« L'assemblée, considérant que les brasseries de femmes ne favorisent pas la prostitution clandestine, prie M. le premier président de la cour de cassation, Cazot, d'intervenir auprès du gouvernement pour que ces établissements soient déclarés d'utilité publique. »

En dehors des organisateurs de la réunion, il est voté à la presque unanimité des suffrages.

Le président se couvre avec un air de dignité, et le public évacue la salle de l'Hermitage en battant aux champs sur le parquet avec les cannes et les parapluies.

— Onze heures et demie. — La salle est vide et les réunionnistes par groupe de huit à dix, descendent la rue des Ecoles, et pénètrent dans les brasseries en continuant à chanter : Nous voilà... Ah ! ah ! ah !

Malgré le tumulte qui n'a cessé de régner au cours de la séance, il n'y a pas eu d'incidents sérieux, mais, comme de la bouche même de Marguerite, il n'est rien sorti de cette réunion.

Les organisateurs ont été seulement ridiculisés en voulant s'occuper d'une question qu'ils ne pouvaient résoudre, par suite de leur jeunesse et de leur inexpérience. L'idée patriotique, morale, était excellente, mais il ne manquait à leurs auteurs, comme à tant d'autres, que la connaissance pratique des mœurs du quartier latin. Ils n'avaient même pas prévu la tournure d'esprit dont aime à s'envelopper, selon la circonstance, la jeunesse des écoles.

Dans leur ingénuité, ils avaient admis à ce meeting les patrons et gérants de brasseries à filles ; il n'en fallait pas davantage pour qu'ils fussent surpris et roulés par eux.

En résumé, ils se sont éloignés du but qu'ils voulaient atteindre, puisqu'au lieu de supprimer les brasseries, l'assemblée a voté le contraire.

Travail et débauche

Je comptais, à cette réunion, entendre Julie, la verseuse de la brasserie des X..., venue le matin même, à mon cabinet, réclamer son père, mêlé indirectement à cette vaste association d'escrocs vulgairement connue sous la désignation de « bande noire », et qui a pour objectif l'exploitation des producteurs dans les contrées vinicoles.

J'aurais d'autant plus fait droit à sa demande, que la culpabilité de l'auteur de ses jours, comme elle l'appelait avec un sourire qui

n'avait rien de gai, laissait énormément à désirer.

Pendant les formalités d'usage nécessaires à
sa mise en liberté, j'ai causé avec cette fille,
douée d'une intelligence supérieure , ayant
l'élucubration facile, la répartie vive et heureuse. Elle me parle de Joséphine et de Marguerite, deux grues qui, d'après elle, devaient
réciter leur leçon apprise par des gérants de
brasseries. « Mon père, me dit-elle, malgré sa
paresse et son besoin de boire, a des moments
excellents., C'est un type. Il rêve et veut le
bonheur des femmes par leur émancipation. En
attendant, je sers des bocks, et il n'a d'autres
moyens d'existence que le produit de mon travail. Vous riez ; le mot travail sortant de ma
bouche choque et semble paradoxal ; c'est un
fait ; et ce soir, à la salle de l'Hermitage, j'espère, sans grande phrase, pouvoir le démontrer
à nos contradicteurs, ces moralistes sans morale, en leur disant : « J'étais ouvrière et je ga-
gnais honnêtement ma vie ; la concurrence allemande a tué, comme bien d'autres industries,
celle des boutons ; j'ai voulu entreprendre la
lingerie ou la broderie, et en travaillant douze
heures par jour je n'arrivais pas à gagner
1 fr. 50. Quand je me suis récriée sur ce faible
gain, l'un de mes patrons m'a répondu : « Les
femmes ont d'autres ressources. » Celui-là spé-
culait sur la mauvaise conduite de ses ouvrières,
et malheureusement le cas n'est point isolé. On
peut encore dire à un homme qui mendie du
pain pour ses enfants : « Allez travailler! »

mais il est interdit de jeter ces deux mots à une femme, parce que toutes répondraient : « Je ne demande pas mieux; mais où cela et comment? »

» Si j'ai pris le costume et l'emploi de servante, c'est dans l'intention d'infliger un démenti formel à ces économistes osant soutenir dans leurs écrits que la question sociale pour notre sexe se réduit à deux solutions : le travail ou la débauche. Ils se méprennent étrangement. Les filles de brasseries unissent l'un avec l'autre, et je prouverai que, soit par le travail régulier, soit par l'irrégulier, la femme, honnête ou non, sera éternellement exploitée.

» Dans ma petite famille, c'est moi qui suis l'homme; je m'occupe franchement, librement en toute licence, et j'exploite à mon tour, sans exception, mon personnel, ou pour être plus précise « mes clients ». J'imite en cela, comme pour autres choses, l'exemple de mes anciens et nouveaux maîtres. Au lieu d'un modeste salaire, mes recettes quotidiennes varient de quinze à vingt francs, et si j'ai abandonné ma vertu fragile, je n'ai pas embrassé la vocation du vice. Par son contact seulement, j'en subis les nécessités. Il est impossible d'exercer honnêtement notre profession. A mes débuts, j'ai tenté l'aventure et, à deux heures du matin, j'avais récolté cinquante centimes de bénéfice. Je ne buvais pas. Je me suis mise à boire par besoin de manger et pour venir en aide aux miens. Une fois dans l'engrenage, le métier saisit et tue en dix ans la plus solide fille.

» Nos patrons actuels, moins hypocrites que certains maîtres soi-disant philanthropes, nous encouragent ouvertement à la débauche et font assez rapidement fortune au préjudice de notre beauté, de notre jeunesse et de notre santé. Que d'ouvrières, dans les ateliers, ont le même sort, sans avoir les côtés imprévus, drôles, parfois originaux, qu'engendrent notre profession !

» Le travail qu'on exige est fatigant ; il faut de trois heures du soir à deux heures du matin, se tenir continuellement sur les jambes, aller et venir, pousser à la consommation, soit par la parole, soit par l'exemple ; mais je gagne, il est vrai, en une journée ce que les honnêtes femmes, par un labeur assidu, mettent huit et souvent quinze jours à obtenir.

» A qui la faute ?

» A tous ceux qui font vivre nos maisons, et à la société encore impuissante, malgré les progrès réalisés, à trouver le moyen d'assurer la vie et la dignité aux femmes qui ont l'intention de se conduire régulièrement.

» Je vous demande pardon de m'exprimer aussi vivement devant vous, à qui rien ne doit être étranger ; vous avez entendu, vu, connu, tant de choses ! Cependant la vérité n'apparaît jamais entière au milieu des mensonges dont on cherche à envelopper tous ceux qui, de loin ou de près, tiennent une parcelle d'autorité. »

— Vous auriez pu rester dans la catégorie des honnêtes filles et, tablier pour tablier, le service dans les bouillons Duval et autres établissements similaires offr une existence honorable et lucrative. Comme pour vous la profession est dure : les servantes travaillent de onze à douze heures par jour ; actives, propres, ayant du tact, de la mémoire, leurs prévenances à l'égard des clients n'autorise aucune familiarité. Au service de tout le monde, elles n'ont de préférences pour personne. Leur costume est simple et elles gagnent, non compris la nourriture, de 120 à 150 francs par mois. .

Les servantes dans les bouillons sont généralement respectées.

— J'ai, sans succès, cherché à m'y faire admettre. Les places sont rares et celles qui les occupent ne les lâchent pas facilement. Fatiguée d'attendre, c'est alors que je me suis décidée à ouvrir la porte d'une de ces boutiques à verrière coloriée, au jour douteux, et où le bock sous sa semelle de feutre repose en souverain sur des tables malpropres.

Le public a raison de ne pas confondre les servantes des bouillons avec les filles de brasseries, le bonnet et le tablier blancs qu'elles portent si simplement, imposent le silence, et les établissements où elles servent ne sont point meurtriers comme les nôtres.

Mais voici mon père, l'un des membres de la ligue française du droit des femmes. Avant de songer à les émanciper, cette société ferait mieux de réunir tous ses efforts pour qu'elles obtiennent un salaire légitimement acquis et leur permettant de ne souffrir ni du froid, ni de la faim.

Le lendemain, la fille Julie m'écrivait : « Mon absence à la réunion d'hier soir a dû vous étonner, vous allez en comprendre le motif. Le gérant de ma brasserie et plusieurs de mes confrères, s'étaient entendus pour m'interpeller au sujet de ma visite chez vous et de la mise en liberté de mon père. Comme plusieurs d'entre eux reçoivent des affiliés de la « bande noire », les misérables ont pensé que je vous avais fait des révélations.

» Je quitte cet infect métier, pendant que j'ai le cœur encore sain. »

Conclusions

Le développement donné à cette étude n'impose l'obligation de conclure, et pour sortir d'embarras, je n'aurais qu'à me joindre aux gens soucieux de la santé publique réclamant d'une manière énergique la fermeture des brasseries desservies par des filles. Ce n'est pas mon intention. Tant que la liberté pour le cabaret existera, la brasserie, sa sœur par l'ivresse, la débauche et le vice, peut vivre à ses côtés. Je me place donc sur le terrain des partisans de la liberté quand même, qui soutiennent que ces maisons, très achalandées, répondent à un besoin social.

Les faits spéciaux signalés établissent cependant tout le contraire ; ils exigent que la question des brasseries à femmes sorte enfin de l'actualité.

Les préfets de police de l'Empire n'ont pas été plus satisfaits de la présence des *caboulots* que les préfets de la troisième République ne le sont de l'ouverture des brasseries à filles. Le mal s'est déplacé pour grandir, changer de forme, et l'autorité n'a pu jusqu'ici s'en rendre maîtresse malgré ses velléités d'épuration restées absolument platoniques depuis 1860, c'est-à-dire pendant une période de vingt-sept années.

La fermeture des brasseries n'enrayerait en aucune façon la prostitution clandestine, elle aurait seulement pour résultat de rejeter sur le trottoir près de quinze cents filles disposées à grossir le nombre déjà si considérable, des malheureuses qui se livrent publiquement au racolage. Chassées d'un côté, elle reparaîtraient de l'autre : c'est mathématique, et le fait de l'anéantissement des maisons de tolérance par la propagation des brasseries à filles le prouve avec surabondance.

L'essai provisoire des fermetures partielles mis un instant en pratique n'a pas réussi, les arrêtés ont dû être détruits quelques jours après leur notification. Je ne citerai qu'un acte concernant la principale brasserie de Paris, située non loin de la place de la République, et que sa clientèle compare à une étable garnie d'animaux nécessaires à l'allaitement de nourrissons.

Après de sévères avertissements, dont le propriétaire, sujet étranger, ne tenait du reste
aucun compte, cette maison aux sous-sols mal
tenus ayant, pour remplacer les garçons, vingt-
cinq filles en service, a été, par ordre, de
M. Léon Renault, fermée au mois de juin 1874.

A la suite de cette fermeture, plusieurs négo-
ciants créanciers s'entendirent pour formuler
une réclamation basée sur le grave préjudice
que leur causait une pareille mesure administrative, qu'ils qualifiaient d'arbitraire. Non content, disaient-ils, de léser leurs intérêts, l'administration apportait une entrave à la liberté
commerciale.

Le mois suivant, la brasserie était réouverte.
Il est vrai que le loyer et les frais généraux
étaient de plus de cent mille francs.

Ceci se passait avant la promulgation de la
loi du 17 juillet 1880, abrogeant le décret du
29 décembre 1851 sur les cafés, cabarets et
débits de boissons.

Aujourd'hui, le Préfet de police se trouve
désarmé, le commerce des liquides est libre, et
les débitants ont le droit d'employer le personnel
à leur convenance.

Les brasseries à tapage ne peuvent pas
plus être fermées que les débits de vins et de liqueurs.

Pour l'ouverture d'une brasserie, il suffit,
quinze jours à l'avance, d'adresser *sa déclaration*
à l'autorité locale. Voilà toute la formalité.

L'Administration, c'est incontestable, a le
devoir, de faire surveiller, les endroits publics

et pour établir les actes immoraux, le flagrant
délit exige non seulement l'intervention des
agents, mais la présence du commissaire de
police, et ce magistrat, pour se conformer aux
instructions, réclame un mandat émanant de la
Justice, ou du Préfet, ainsi que je l'ai expliqué
au chapitre des plaintes, à cet industriel dont le
fils mineur avait été débauché par des servantes de brasseries.

Plusieurs préfets se décidèrent à mettre à la
disposition des commissaires de police des
mandats de perquisition, mais l'antagonisme
qui règne entre les divers services de la police
municipale en paralysèrent les effets.

La suppression des brasseries semble être,
pour bien des personnes, le véritable remède ;
je viens d'expliquer son impossibilité, à moins
d'introduire une réforme à la loi de 1880. Les
législateurs ne le feront point, il faut alors avoir
la force de réagir contre cet état de choses, de
revenir en arrière par une réglementation spéciale pour ces établissements, où tous les vices
sont associés et qui ont poussé l'excès de la liberté jusqu'à la licence en devenant des foyers
de corruption et de maladie.

Les brasseries de filles ne doivent et ne peuvent être assimilées aux débits ordinaires de
boissons ; on y voit, on y touche une catégorie
de femmes jeunes, faciles, corrompues, dirigées
par des industriels bons à classer parmi les propriétaires de certaines maisons mal famées,
dans lesquelles des préfets de police ont fait
empoigner des femelles pour avoir commis des

actes beaucoup moins immoraux que ceux quotidiennement étalés sur les banquettes de ces tavernes, sortes de nouvelles maisons de tolérance disposées sous une autre forme. L'enseigne seule en fait la différence, car le commerce est le même, et cette enseigne, au caractère honnête, est justement ce qui constitue la force, le succès et le danger des brasseries à filles. En effet, on y entre et on en sort sans le moindre scrupule. Il y a donc là une cause permanente de démoralisation, une place de plus en plus envahissante du mal facile qui ne saurait trop appeler l'intervention de l'autorité ; j'ajoute que c'est la tache moderne, propageant la syphilis alcoolisée.

A son début, il était facile d'enrayer ce danger, mais à force d'attendre il s'est agrandi rapidement par l'acclimatation des brasseries. à filles, et cela sous les yeux d'une police impuissante.

Toutes les célébrités médicales qui s'occupent de la prostitution et de ses désastreux effets sur la jeunesse sont unanimes et concluent dans leurs écrits à la fermeture de ces brasseries.

Le 7 juin 1887, à l'Académie de médecine, M. Alfred Fournier, professeur, a donné lecture de son remarquable rapport, fait au nom d'une commission composée de MM. Ricord, président; Le Roy de Méricourt, Léon Le Fort, Léon Colin.

Il s'agissait, dans ce document, de prouver l'insuffisance notoire des mesures administratives censées prises contre la syphilis, et de démontrer les causes de la dépopulation actuelle de la France par l'effroyable mortalité qui sévit sur les enfants hérédo-syphilitiques.

Au sujet des brasseries, voici ce que dit l'éminent rapporteur :

« Inconnus encore il y a quelques années, les établissements de ce genre sont devenus, on peut le dire, la peste de nos jours. Répandus un peu partout, ils abondent surtout dans les quartiers d'affaires ou d'études, c'est-à-dire là où ils ont chance de recruter une clientèle de jeunes gens. On n'en comptait pas moins de cent quatre-vingt-un à Paris, en 1882, et depuis lors ils se sont singulièrement multipliés.

» Ce qui se passe dans ces établissements, chacun le sait, ou le devine; mais ce qu'on ne sait pas assez, c'est qu'il en sort un nombre considérable de contagions syphilitiques. Tous les membres de votre Commission ont été unanimes pour déposer qu'ils avaient à leur connaissance maints exemples de syphilis contractées par des jeunes gens, notamment par des étudiants au contact de filles de brasserie.

» Et comment en serait-il autrement? Car ces maisons (pour un certain nombre tout au moins) ne sont que des maisons de prostitution déguisées, et des maisons à prostituées libres; j'entends non surveillées.

» Or, ce qui fait précisément le danger de ces maisons, c'est qu'on y trouve la provocation avec ce qui s'ensuit, sous le couvert d'une enseigne honnête, alors même parfois qu'on ne songerait pas à l'y chercher. Et comme la provocation s'y exerce par des filles libres, je le répète, c'est-à-dire par des filles non soumises à la surveillance médicale, il résulte de là qu'à double titre ces maisons sont infiniment plus dangereuses que les maisons publiques. Ainsi que le disait M. Le Roy de Méricourt au sein de votre Commission, « l'ancienne maison publique avait au moins l'honnêteté de l'enseigne. » Pas de surprise avec elle. On savait, quand on en franchissait le seuil, ce qu'on allait y trouver. Aussi, n'y allait-on guère que de nuit, à l'abri d'une ombre propice. Aujourd'hui, les mœurs ont changé : des maisons de prostitution s'cuvrent sous l'enseigne des brasseries ; on y va en plein jour et la tête haute ; on ne s'y cache pas pour y entrer ; et pourquoi se cacherait-on ? N'est-ce pas une brasserie ? Et depuis quand n'est-il plus permis de se désaltérer ?

» Eh bien ! ces brasseries font le désespoir des familles non moins que les délices des échappés de collège. Pourquoi les délices de ceux-ci ? On le devine. Pourquoi le désespoir et la terreur de celles-là ? Parce que leurs fils trouvent dans ces maisons les trois fléaux de la société actuelle, c'est-à-dire la flânerie, l'imbécile et énervante flânerie, l'alcoolisme et la vérole.

» Au moral comme au physique, ces brasseries à femmes, à *inviteuses* de tout costume et de toute nationalité, sont des sentines de perdition physique et morale. » . . . .
. . . .
. . . .

Déjà MM. Barthélemy et Devillez avaient, en

1882, dans la *France médicale*, traité la question sous le titre : *Les Inviteuses*. — *Syphilis et Alcool*.

Malheureusement, leurs cruelles observations ne s'adressent qu'à une clientèle spéciale et sont consignées dans des revues et bulletins de l'Académie de médecine; il serait cependant si utile de leur donner la plus grande, la plus large publicité pour signaler les maux causés par ces pourvoyeuses de cimetières.

Les médecins, les chirurgiens,. avec leur compétence accoutumée, deviennent les véritables auxiliaires des législateurs, et tous ont le devoir d'étudier, de constater les profonds ravages produits par l'intensité extraordinaire des maladies contagieuses. Ils ont signalé le mal et réclament, en faveur de la jeunesse, de promptes mesures d'assainissement.

Pour moi, je propose d'interdire l'entrée des brasseries à filles aux mineurs des deux sexes et d'imposer l'obligation aux maîtres ou gérants de brasseries l'emploi de servantes ayant plus de vingt et un ans.

Les personnes majeures ont le droit de disposer d'elles, de se détruire, si cela leur plaît; cependant celles reconnues pour se livrer à la débauche devront justifier de leur identité et être soumises à un examen médical.

Le Tribunal correctionnel de Nantes, au mois d'octobre 1887, a condamné un propriétaire de brasserie à six mois de prison et son principal employé à trois mois de la même peine pour excitation habituelle de mineurs

à la débauche. Tous les deux servaient d'intermédiaires obligeants entre les collégiens de la
ville et une dizaine de petites filles.

C'est un exemple facile à suivre en laissant
aux commissaires de police la latitude de pénétrer le jour comme la nuit dans les brasseries
de filles.

Pour rendre efficaces les premières mesures,
les mêmes magistrats pourraient procéder à de
fréquentes visites dans les hôtels annexés ou
peu éloignés desdites brasseries, et soumettraient toutes les filles arrêtées à un sévère contrôle.

L'autorité peut, à ce sujet, faire usage de l'article IX de la loi des 19-22 juillet 1791, encore
en vigueur.

Il dit :

« A l'égard des lieux où tout le monde est
admis indistinctement, tels que cafés, cabarets,
boutiques et autres, les officiers de police pourront toujours y entrer, soit pour prendre connaissance des désordres ou contraventions aux
règlements, etc... »

La Préfecture de police le sait d'autant mieux,
qu'elle le tient en réserve pour s'en servir à
l'occasion.

En voici la preuve :

Non loin de l'Arc-de-Triomphe, le propriétaire d'un immeuble sollicita l'autorisation d'ouvrir une maison de tolérance. Des voisins s'y
opposèrent, on tourna la difficulté en installant
au rez-de-chaussée une brasserie d'un très grand
luxe et servie par des filles chargées de monter

les consommations aux étages supérieurs du
bâtiment, convertis en chambres meublées dans
des conditions de confortable exceptionnel. Les
salons, la salle de bains et ses accessoires faisaient l'admiration des visiteurs. Près de cinq
cent mille francs avaient été dépensés pour
créer cette maison de rendez-vous d'un genre
nouveau.

M. Camescasse fit surveiller cet établissement
dont il ne pouvait empêcher l'ouverture ; il ordonna souvent des visites, et l'on connaît par
expérience l'effet que produit la présence de la
police sur la clientèle de pareilles maisons : elles
deviennent désertes.

En province, l'autorité administrative se pré-
occupe plus encore qu'à Paris du développement des brasseries à filles.

Des maires intelligents et pratiques ont, par
arrêtés, interdit d'une façon générale l'emploi,
dans les débits de boissons, de femmes ou filles
étrangères à la famille du titulaire de l'établissement.

L'arrêté de M. Merlin, sénateur, maire de la
ville de Douai, est instructif, curieux et marque
sa place ici :

« Considérant que la facilité laissée à l'ouverture des débits de boissons impose à l'autorité
le devoir de les surveiller avec plus de vigilance ;

» Que l'exagération du personnel des servantes et leur choix peu scrupuleux ont fait
d'un certain nombre de ces établissements des

maisons clandestines de prostitution échappant à la surveillance de la police et aux mesures préservatrices prescrites par l'autorité, dans l'intérêt de la morale et de la santé publique;

» Qu'il est urgent dès lors de réprimer ces abus;

» Arrêtons :

» ARTICLE PREMIER. — Il est expressément interdit aux cafetiers, cabaretiers et autres débitants de boissons, de prendre comme domestique ou comme ouvrière à la journée aucune fille mineure.

» Il leur est également interdit d'employer aucune fille ou femme qui ne soit pas munie d'un certificat de bonnes vie et mœurs délivré par l'autorité administrative compétente..

», Ce certificat, dont la date ne devra pas remonter à plus de trois mois, contiendra la mention de l'usage auquel il est affecté. Il sera renouvelé tous les trois mois.

» Il devra être présenté à toute réquisition des agents de l'autorité.

» ART. 2. — Aucun cafetier ou cabaretier ne peut affecter plus de deux femmes au service de son débit de boissons.

» Il est défendu aux filles ou femmes employées dans les établissements dont il s'agit de s'asseoir à côté des consommateurs et de prendre ou d'accepter aucune consommation.

» ART. 3. — Les dispositions qui précèdent sont applicables aux cafetiers, cabaretiers et autres débitants de boissons employant leurs

filles ou parentes majeures et mineures, à la
condition que ces dernières, à partir de l'âge de
quatorze ans, soient, comme leurs filles ou parentes majeures, munies du certificat de bonne
moralité dont il est parlé à l'article premier.

» Le nombre des personnes ainsi employées
réduira d'autant celui fixé à deux par l'article 2 des auxiliaires du sexe féminin étranger
à la famille.

» Il est interdit aux filles ou parentes des
cafetiers, cabaretiers et autres débitants de
boissons, âgées de quatorze ans, qui ne seraient pas munies de certificat de bonnes vie
et mœurs, de séjourner dans des locaux affectés habituellement à l'usage du débit ou dans
des pièces et dépendances de la maison, où
des consommations seraient servies. »

. . . .

A la suite d'un conflit entre un cafetier
de Grenoble et le maire de cette ville, qui
avait pris un arrêté interdisant le service des
femmes et filles dans les débits de boissons, la
Cour de Cassation a rendu, le 21 juillet 1881,
l'arrêté suivant, que j'extrais de la *Gazette
des Tribunaux :*

» La Cour,

» Ouï M. le conseiller Sevestre en son rapport, M⁰ Bouchié de Belle, avocat en la Cour,
en ses observations à l'appui du pourvoi, et
M. Petiton, avocat général, en ses conclusions;
» Sur le moyen unique du pourvoi, tiré de

la violation des articles 471 § 15 du Code
pénal et 7 de la loi du 2 mars 1791, en ce
que l'arrêté pris par le maire de Grenoble, le
28 avril 1881, et auquel il aurait été contre-
venu par le demandeur, serait illégal et enta-
ché d'excès de pouvoir ;

» Attendu qu'aux termes de l'article 3 du
titre XI de la loi des 16-24 août 1790, l'autorité municipale est chargée « du maintien du
bon ordre dans les endroits où il se fait de
grands rassemblements d'hommes, tels que
foires, marchés, spectacles, jeux, cafés et
autres lieux publics » ;

» Attendu que la disposition de l'arrêté du
maire de Grenoble interdisant aux cafetiers et
autres débitants de boissons de la ville d'employer des femmes ou des filles étrangères à
leur famille pour servir les consommateurs en
vue de prévenir le retour de faits immoraux et
scandaleux qui s'étaient produits dans quelques-uns de ces établissements, rentrait précisément dans les mesures ayant pour objet d'assurer le maintien du bon ordre ;

» Attendu, dès lors, que le jugement attaqué,
en reconnaissant la légalité et la force obligatoire de cet arrêté pris par l'autorité municipale dans la limite de ses pouvoirs, et en
appliquant au demandeur, pour l'infraction par
lui commise audit arrêté, la pénalité de l'article 471 § 15 du Code pénal, loin d'avoir violé
cette disposition de loi, en a fait, au contraire,
une exacte et saine interprétation.

» Rejette, etc. »

Cet arrêt a une très grande importance : il remet entre les mains des maires et du préfet de police de Paris, l'autorité qui lui était enlevée au sujet des débits de boissons.

Par la réglementation des brasseries, l'autorité doit arriver à en restreindre le nombre et personne n'aura plus l'envie d'en créer de nouvelles.

J'espère que le jour n'est pas éloigné où la direction de la Préfecture de police sera confiée à un administrateur soucieux des grandes lois de la morale et de l'hygiène, et qui, écartant la politique, portera toute son attention sur les mœurs publiques. Ce premier magistrat de Paris se donnera la peine d'écouter, de voir, tout ce qui se dit, se fait dans ces tavernes à débauche, tolérées par la coupable indulgence dont on use à leur égard.

M. Lozé, le nouveau préfet, accomplira-t-il cette œuvre salutaire ? Je le souhaite de grand cœur. Le moment d'opérer un sérieux nettoyage est opportun, l'opinion générale le réclame ; et cette grande tâche, après son accomplissement, recueillera l'approbation de tous les honnêtes gens.

Le 24 février 1888, son prédécesseur a rendu l'ordonnance ci-après :

« ARTICLE PREMIER. — Aucune fille mineure ne pourra être employée à un titre quelconque dans les cafés, cabarets, brasseries ou autres débits de boissons ;

» ART. 2. — Les contraventions à la présente

ordonnance seront constatées par des procès-verbaux et poursuivis conformément à la loi.

» *Le Préfet de Police,*
» Léon Bourgeois. »

Ce premier pas fait dans la voie répressive peut déjà conjurer bien des dangers.

QUATRIÈME PARTIE

MAISONS DE RENDEZ-VOUS

La presse, sans commentaire, a relaté la fin subite d'un financier très en vue ; il est vrai qu'elle ignorait les circonstances ayant précédé ce décès.

Ce grand manieur d'argent, bouffi, au teint rouge, gras comme un moine, était, sous le nom de Rosette, le client assidu de la maison de rendez-vous, tenue par la veuve Frétille. Il possédait l'étrange monomanie de se déguiser en femme et c'est sous ce costume qu'il a été frappé d'un accès de *fièvre naturaliste*.

Parmi les chambres composant le petit hôtel occupé en totalité par la proxénète, il avait, à raison de cinq cents francs par mois, choisi pour son usage celle tapissée et meublée à l'Orientale.

L'armoire, dissimulée derrière une draperie,

contenait des vêtements féminins, des faux cheveux blonds, bruns, roux, et toute une série de flacons et pots, remplis de poudres, d'essences, pâtes, pommades et fards.

La porte de ce réduit intime s'ouvrait seulement pour laisser passage à son titulaire et à un attaché d'ambassade étrangère.

Ces deux êtres, aux goûts anti-physiques, étaient réunis depuis une heure, quand le jeune secrétaire se retira en disant à la veuve Frétille : Rosette se meurt, je cours chercher le médecin, puis il disparut pour ne plus revenir.

Le personnel de la maison se précipita dans la pièce et trouva Rosette étendu sur le lit de repos.

« — Quel scandale ! s'écria la proxénète; il ne faut pas que mon client succombe ici et sous un pareil accoutrement; déshabillons-le au plus vite ». Mais le boursier expira encore affublé d'un corset en satin cerise et d'un jupon blanc.

Le médecin déclara qu'il fallait attribuer ce décès à une congestion cérébrale, et l'enquête lui donna raison.

La famille n'a pas plus connu la dernière station de débauche, avant son entrée au cimetière, que la cause déterminante de la mort de son chef, regretté des siens et en particulier de la veuve Frétille.

Ce genre d'accident n'est pas unique, et bien des vieillards exotiques, ayant le cerveau malade, ont senti la vie les abandonner à la sortie d'une maison de complaisance.

Certains habitués de ces petits hôtels où l'on vend le plaisir préparé forment de réels sujets d'études, des cas pathologiques bons à examiner dans le service hospitalier du professeur Charcot; mais avant de m'occuper du personnel qui compose en général ces sortes d'établissements, il me paraît nécessaire, monsieur le Préfet, de vous en faire connaître l'agencement intime, et l'hôtel de la veuve Frétille, hôtel de premier ordre que je viens de visiter en détail, à la suite du décès de Rosette, possède, pour l'immoralité et le confortable, la meilleure réputation au dire des amateurs de débauches faciles et cachées.

La pieuse comtesse du Bleuet, sa cliente assidue, que votre secrétaire faisait valser à votre dernière réception, pourra, mieux que personne, vous compléter les renseignements dont vous auriez besoin sur les liaisons passagères nées d'une simple entrevue.

L'extérieur de l'hôtel, avec sa porte à deux vantaux, n'offre aucune remarque particulière. A l'intérieur, le vestibule large, rendu volontairement obscur, conduit à un cabinet placé entre deux escaliers. Dans ce cabinet se tiennent en permanence la maîtresse et sa doublure. Ces vieilles femmes expérimentées connaissent à fond le Paris galant. Au moyen d'un jeu de glaces et par le jour produit au moment de l'ouverture de la porte d'entrée, les proxénètes peuvent facilement voir, reconnaître la clientèle, même les femmes, malgré leurs vêtements sombres et la voilette recouvrant leur visage.

La salle à manger, la cuisine, sises au rez-de-chaussée, s'éclairent par une cour vitrée donnant accès au troisième escalier, celui réservé au service général. Dans cette cour existe l'entrée spéciale aux fournisseurs et aux domestiques de l'hôtel.

Au premier étage se trouvent le petit et le grand salons, le fumoir, la salle de musique, le cabinet de lecture et le boudoir.

Toutes ces pièces sont richement meublées : statues, tableaux, bronzes, lustres, objets d'art, vases, jardinières garnies de fleurs exotiques, rien ne manque à cette luxueuse installation ; la pose des glaces, la conformation, la nature des meubles, la couleur des étoffes, recouvrant chaises longues, canapés, fauteuils, divans, poufs soigneusement capitonnés, indiquent le véritable caractère de la maison.

Le second étage comporte les chambres. Le lit de milieu surmonté d'un baldaquin est garni de tentures s'harmonisant avec les meubles et les tapisseries.

Au-dessus de la table-toilette existe un grand miroir à bordure de fleurs, feuillages, oiseaux, au milieu desquels émergent des porte-lumières en cuivre doré. Sous cette table prend place le petit meuble de bois, à quatre pieds, soutenant une faïence en forme de guitare.

Les portes extérieures et intérieures de toutes les chambres sont masquées par de lourdes portières en drap brodé de larges bandes de tapisseries. La couleur de ces bandes désigne le numéro de la chambre.

Le troisième étage est réservé au cabinet du
docteur, pourvu du fauteuil indispensable aux
visites médicales; à la lingerie, composée d'un
stock de chemises, peignoirs en soie et en
batiste; à l'atelier de couture nécessaire à préparer les costumes, enfin, aux petits endroits
et logis des domestiques.

Cet hôtel, ingénieusement combiné, permet
de défier la moindre curiosité. Les rencontres
entre hommes et femmes ne peuvent être que
volontaires et tout est calculé dans cette nouvelle merveilleuse tour de Nesle pour autoriser
clandestinement les Marguerites à se prostituer
par intérêt aux viveurs pressés, car aujour-
d'hui tout marche à la vapeur, et sans causerie
ni préambule on passe du salon au canapé.

La cave de la veuve Frétille mérite une
mention spéciale pour la qualité de ses vins.
Sur des étiquettes j'ai relevé : Clos Vougeot-
Cavaillon, grand vin Latour-Cannet, vieux
Château-Yquem, Château-Margaux, Muscat,
Frontignan, fine Champagne 1850, kirsch-
wasser 1872. Comme je lui demandais le prix
du Champagne, elle me répondit : « Vingt-
cinq francs, quelle qu'en soit la marque, » et elle
ajouta : « Le vin ordinaire est pour le service, et
la bouteille de Sauterne, de Saint-Julien ou de
Musigny ne se livre pas ici à moins de dix
francs; du reste, la plus légère consommation,
un cigare, une cigarette est payée cinq francs. »

Le décès du banquier sodomiste m'imposait
l'obligation d'examiner minutieusement le côté
mystérieux de l'hôtel.

Tout son mécanisme résidait dans l'armoire de fer, immense coffre-fort dont l'ouverture m'a causé un vif étonnement.

En voici l'inventaire :

Sur la plaque supérieure étaient rangées des fioles renfermant le précieux liquide astringent si nécessaire aux femmes voulant jouer momentanément le rôle de vierges.

Toute bonne maison de complaisance doit avoir sa vierge en réserve, à laquelle on met le costume de l'honnête ouvrière en ayant le soin de lui *maquiller* fortement les doigts et la main de façon à justifier un travail commun et journalier. Les doigts piqués par le mouvement assidu de l'aiguille n'ont plus cours. *Le truc* est éventé depuis longtemps.

Il n'y a que la foi qui sauve et les acheteurs de... rosières, déflorateurs de nourrices, disent les proxénètes, ont la naïveté de croire que leurs victimes possèdent ce qu'en médecine on appelle : la mélancolie des vierges, et les vieux gâteux posant pour le mâle, ajoutent cyniquement : « Sans nous on arriverait au néant. »

Près des fioles, j'ai ouvert la boîte sur laquelle on lit : gants d'amour, sorte de préservatifs contre la fécondité et la maladie.

La seconde plaque de fer contenait les albums de gravures obscènes, celui des diableries est rare, curieux, original. Le roman de « Justine », du marquis de Sade, le « Cœur humain dévoilé » de Rétif de la Bretonne, des guides pratiques pour guérir les affections syphilitiques et la collection de photographies représentant les célébrités galantes parmi lesquelles figurent les actrices à la mode, celles surtout peu recommandables par le caractère et le talent, et qui font de la scène leur véritable trottoir.

Quelques-unes sont reproduites dans des poses, des enlacements qu'elles n'ont jamais eus en public. Le photographe a seulement ajouté leur tête à des corps inconnus.

Sur la troisième tablette étaient les invitations imprimées en caractère elzéviriens ; la carte fine, rose, satinée, porte : « Madame Frétille a l'honneur d'informer M. ..., qu'elle reçoit tous les jours de trois à sept heures, et de neuf heures à ... »

Puis, près de ces invitations, des lettres circulaires manuscrites envoyées aux notabilités françaises et étrangères, lettres ainsi conçues :

« Monsieur,

» Connaissant votre goût pour les sculptures, » j'en possède d'exceptionnelles, notamment » des boîtes à ouvrage très artistiques, que je » désire vous montrer.

» Honorez-moi, je vous prie, d'une visite à » mon hôtel, rue..., non loin du parc Mon- » ceaux. »

Mon attention s'est fixée sur les registres aux tranches dorées, mentionnant avec les adresses et par ordre alphabétique les noms des habitués de la maison.

20.

Du côté des hommes, je vois : Armée, Marine, Magistrature, Finance, hauts fonctionnaires de l'État, gros industriels, membres du Jockey-Club, princes étrangers, millionnaires, et jusqu'à des entrepreneurs de démolitions.

Du côté des femmes, je relève : Jeunes veuves, épouses délaissées, séparées, bourgeoises, femmes de province, baronnes, comtesses plus ou moins authentiques, actrices, ou simples filles galantes.

J'estime qu'il y a lieu de ne pas s'en rapporter exclusivement aux livres tenus par cette misérable entremetteuse, qui cherche à compromettre des personnalités connues, des artistes en vogue n'ayant jamais pénétré dans un de ses salons, et cela dans le but évident de donner un relief à son triste et lucratif métier. Malheureusement ces noms appartiennent à des femmes légères, inconséquentes, se donnant à ceux qui leur plaisent, mais librement, sans marché, en bons camarades..

Dans une case de l'armoire sont les carnets quotidiennement mis à jour, et relatifs aux dépenses et recettes. Ceux-ci n'ont rien de conventionnel, et pour éclairer votre religion, je crois devoir, Monsieur le Préfet, vous soumettre la comptabilité galante de l'année dernière ; elle est curieuse à plus d'un titre et se termine par d'énormes bénéfices. Vous y constaterez les accouplements d'hommes et de femmes séparés par un chiffre formant le trait d'union qui les rapproche.

Le chiffre varie de cinq à cinquante louis, jamais moins, jamais plus.

Cette somme de mille francs reparaît assez souvent et n'est versée par les amateurs de plaisirs coûteux que pour les actrices à la mode, recherchées, courues et amenées sur commandes.

La jouissance d'une pareille marchandise est à l'heure, et le séjour dans la maison comprend l'arrivée et le départ. Ce sont des étoiles filantes.

L'examen des carnets permettra d'établir un sérieux contrôle des rapports signés « A demain », que la veuve Frétille adressait sous ce pseudonyme à votre administration.

A l'instar de ses pareilles, j'ai pu me rendre compte que cette proxénète ne faisait même pas *honnêtement* son ignoble métier.

Je vois, par exemple, une chanteuse d'opérette en renom figurer au mois d'août sur le carnet des recettes. Or, à cette époque elle était en représentation à l'étranger. On a, par une ressemblance, trompé le naïf américain qui, moyennant vingt-cinq louis, a cru posséder la véritable comédienne.

Un boulevardier ne se laisserait pas ainsi duper, il sait qu'on peut rencontrer dans les maisons de rendez-vous de jolies filles, faisant de l'amour une affaire, et ressemblant à s'y méprendre à des célébrités théâtrales. Mais les étrangers sont moins méfiants et les proxénètes exploitent habilement les ressemblances. L'atelier du troisième étage n'a été créé que dans ce but, et là stationnent le coiffeur et la couturière, qui vous transforment une française ayant beaucoup de cheveux, l'œil vif, pas trop de nez, une bouche réussie et de jolies dents, en italienne, espagnole, allemande ou anglaise, au choix du visiteur.

Le tout est de savoir s'y prendre.

Dans un compartiment spécial du coffre-fort, il y avait les diamants, bijoux, dentelles, appartenant à des femmes du *monde*, constamment tourmentées par les dettes. Pour rembourser la veuve Frétille, ne pas déchoir, soutenir leur existence luxueuse à n'importe quel prix, la plupart s'abandonnent aux amateurs de grandes dames, et celles-là peuvent affirmer que ce n'est pas toujours par plaisir qu'on fait commerce de galanterie.

Que de gens font l'office de proxénètes, si j'en juge par les intermédiaires servant à recruter le personnel féminin de l'hôtel Frétille?

Je transcris sa liste.

Couturiers, couturières, modistes, lingères, blanchisseuses, marchandes à la toilette, marchands de meubles, professeurs de chant, de musique, de danse, accordeurs de pianos, hommes d'affaires véreux, usuriers, directeurs de bureaux de placement, d'agences matrimoniales, dramatiques, commerciales, photographes, somnambules, tireuses de cartes, dentistes, coiffeurs, pédicures, manicures; épileuses, sages-femmes, gérants, cochers de cercles, garçons de restaurants, de cafés et d'hôtels.

Cette dernière catégorie d'employés tient au courant les proxénètes de l'arrivée des personnages importants, soit par leur position, soit par leur fortune.

Tous ces industriels, courtiers du vice, racoleurs de filles, pourvoyeurs de brasseries, jouent un rôle important et n'oublient point que la femme doit plaire et être jolie. Ils s'entendent pour exploiter la coquetterie et s'attachent aux pas des vertus aux abois, sans travail, souvent paresseuses, mais toujours jeunes, fraîches et bien proportionnées. C'est un moyen, disent-ils, d'améliorer la position sociale de la femme en lui montrant le chemin attrayant et facile de la prostitution. Carrière disponible, plus lucrative, moins pénible qu'un travail honnête, mais irrégulier. En traitant les conditions des ignobles marchés, ils arrivent peu à peu à l'initier aux principes de la vie galante et finissent par lui faciliter l'occasion de franchir les premiers obstacles par des avances d'argent pour renouveler la toilette.

Les relations entre es membres de cette nouvelle franc-maçonnerie sont de tous les jours, de tous les instants ; elles s'étendent à Bruxelles, à Londres, à Berlin, à Vienne, à Madrid, à Florence. Les recruteurs sont partout : aux villes d'eaux, aux bains de mer, dans les forêts de la Bohême, et la correspondance de la veuve Frétille ne laisse aucun doute à ce sujet.

Livrer les filles aux messieurs tout est là, et

les coulisses de la vie galante seront éternellement curieuses à étudier.

Parmi un millier de lettres, je prends au
hasard les dernières arrivées et je vois d'abord
qu'un baron allemand a l'intention de *riccooler*
huit jours avec *un cholie* française. Mme Ven-
toussac, sa procureuse, lui a désigné la veuve
Frétille.

Puis successivement, je lis :

« J'aime mon fils à ma façon, il est employé
au ministère de la Justice, et j'ai besoin pour
le distraire quelque temps d'une femme *grave
et sûre*. Je compte sur vous?

. . . .

» J'ai un charmant petit hôtel et je suis avec
le comte de... C'est fini, nous deux, car il quitte
ce soir Paris pour la Roumanie, et je tiens à
l'oublier avec d'autres. Je voudrais, ma bonne
petite madame Frétille que vous vous occupas-
siez de moi d'une manière sérieuse. Trouvez-
moi un amant solide, mais pas *de marital,* je
veux gagner énormément d'argent et les *col-
lages* sont la perte des femmes. Si vous aviez la
main assez heureuse pour me procurer un
homme marié, tout le temps que durera la
liaison nous nous entendrons selon le fixe que
vous m'aurez obtenu.

. » Hier, au bois de Boulogne, j'ai rencontré
le grand brun d'Espagne que vous m'avez fait
connaître il y a trois mois; il m'a parlé et
offert un cheval en me disant qu'il habitait à

l'hôtel..., que je lui écrive ou que je vienne le voir.

» Comme j'étais avec le comte de..., je n'ai pu lui demander son nom pour correspondre ; je l'ai oublié, ce nom, soyez assez gentille pour me l'envoyer. Je ne désire pas vous tromper, car c'est vous qui me l'avez adressé.

« LUISANTE ».

« Libre, en ce moment, pensez à moi, car j'ai besoin d'argent.

» Pour dîner ou souper, j'en suis. Je connais l'art d'amuser les hommes ; ma mère, comme vous le savez, était marchande de volailles, et bien jeune, m'a montré comment on plumait les oiseaux.

» VAUTOUR. »

« Ayez la complaisance de prier M. le duc de vouloir bien m'attendre jusqu'à six heures ; mon amant ne veut pas me quitter, et je ne puis le mettre dehors sans éveiller ses soupçons. La peur de l'abandon me rend seule fidèle.

» SYLVINE. »

« Permettez-moi de venir tous les jours, comme les deux Mexicaines, la Milanaise et la Viennoise. En ma qualité de figurante aux Bouffes, je me prête à tous les travestissements et aux exigences des amateurs ; je suis remplie

de bonne volonté, mais je redoute les amants
à domicile.

» DU MARCHÉ. »

« Nous sommes arrivées à Nice enchantées
du soleil et des environs. Il y a du très beau
monde ici. Envoyez-moi des adresses. Si vous
étiez près de nous avec votre *suprême tact,* vous
feriez beaucoup de bien aux dames. Sous le
couvert d'une agence théâtrale, nous nous
glissons près de la célèbre chanteuse italienne,
c'est une reine qui nous servira à suivre ce
qu'il y a de mieux.

» Nous sommes inscrites sur la liste des
étrangers, publiée par le journal du pays.

» LAURE. »

« Bruxelles.

» Je vous adresse deux ravissantes jeunes
dames, nouvelles venues à Paris, l'une brune,
l'autre blonde. J'attends la réciprocité. Il faut
refaire par des déplacements leur virginité.
Méfiez-vous, car elles ont épuisé la clientèle
des maisons de conversations de Londres,
Vienne, Berlin et Bruxelles. Elles ne sont
neuves que pour les Parisiens.

» BATAILLON. »

« Puisque vous m'avez promis votre sympathie, y comptant et y tenant beaucoup, je
viens vous demander de vouloir bien me faire
part directement de vos observations, les choses

humaines prenant un aspect entièrement amer. Il est évident, Madame, que je commence un noviciat, et ce n'est pas sans d'obligeants avis que j'arriverai à développer certaines qualités, et à savoir mettre à profit l'expérience de ceux qui veulent bien s'adresser à moi...

» Commençant à être moins cernée par la nécessité, qui ne plaisante pas, je respire un peu plus à l'aise, pensant que ma figure, ma personne, mon moral même, se ressentira de cet horizon moins sombre.

» Cependant, je viens vous demander en toute franchise, ce que vous pensez de moi et si votre clientèle m'agrée, sans cela, j'avoue que je perdrais tout courage, je vous demande donc un petit mot.

» C. DE LA TRISTESSE. »

« Je vous prie de me dire si vous pouviez avoir Mlle X..., du théâtre des Nouveautés, et à quel prix ?

» ORLY K... »

« Phénomène unique, sujet rare, je désire m'exhiber à vos clients. Chose étrange, bizarre, extra-naturelle, je puis avoir des relations avec les deux sexes. Le billet bleu de la Banque de France servira seul de correspondance.

» J'entretiens une amie, j'ai besoin à mon tour d'être entretenue.

» *Signé* : HERMAPHRODITE. »

« Connaissez-vous, et je sais qu'il y en a, une jolie femme mariée, que l'on peut voir et saluer, lorsqu'on la rencontre.

» Ce genre de femme est assez cher, mais cela m'est égal ; le difficile est d'avoir le rendez-vous. Elles sont toujours d'un certain âge ; généralement 25 à 30 ans, les plus jeunes résistent encore.

» Vous me direz le prix ?

» Je la veux blonde, c'est ma nuance.

» Par une couturière à la mode ou une grande lingère, vous auriez des renseignements utiles.

» Je suis un visiteur fatigué, ne sachant plus que semer l'or.

» L'ABSOLU. »

« Vieille ratatinée,

» Je t'adore, mais tu ne m'expédies que de vilaines poupées, de vrais chameaux. La tête de la dernière avait un aspect canaille et ses mains de domestique sentaient la cuisine.

» Je passerai chez toi mardi, vers trois heures, faire mon choix ; je veux une fille aux allures garçonnières, battant le plein de sa beauté et de sa vogue, gaie, adroite en amour et plus vicieuse que passionnée, afin de ranimer un feu qui s'éteint.

» SURMENÉ. »

« Je sors d'avoir une véritable affection, cela vous surprend, mais aujourd'hui les prévenances cessent, et nous arrivons à l'habitude.

» Ne voulant plus me laisser accaparer, je place mon cœur sur mes lèvres, et je compte sur vous.

» Les hommes sont si bêtes, le mien est du nombre, ils préfèrent les femmes qui les trompent et les font souffrir.

» LAURE. »

« Adressez-moi d'urgence les vingt-cinq louis du prince. J'ai pris les florins de ma note d'hôtel pour des francs, et je me trouve dans l'embarras malgré mes nuits laborieuses.

» DE CHIFFRECOURT. »

« Londres.

» Je vais venir à Paris en visite avec une amie. Elle est ravissante. Occupez-vous de nous deux. Un mot avant sur les affaires, car il vaut mieux tenir que courir. Ici la dernière quinzaine de décembre n'a pas été bonne, et l'on m'assure que Paris, la ville de luxe, devient une ville de misère.

» ODINE. »

« Nous sommes insensibles aux hommages de vos clients, mais nous pouvons cependant les charmer par la manière amoureuse dont nous buvons le champagne en costume....: du Paradis terrestre.

» Nos tableaux vivants représentent un *vice intime.*

» LES SOEURS SIAMOISES. »

L'écriture est bavarde plus encore que les filles, et ces lettres laconiques représentent assez exactement la comédie du vice en donnant une triste idée de l'espèce humaine ; elles prouvent que la dépravation des prostituées équivaut à la pourriture morale de ces hommes qui fourmillent dans les diverses classes de la société et, si ceux-ci n'achetaient pas les femmes, aucune d'elles n'aurait la pensée de se vendre.

De toutes les agences galantes, celle tenue par la veuve Frétille est encore la moins suspecte ; aucun acte délictueux n'a pu être jusqu'ici relevé contre ses déplorables agissements. Du reste, par principe, sa maison fonctionne contrairement aux habitudes des autres établissements de ce genre ; le jeu y est interdit et elle n'accepte que des sujets majeurs, en pleine liberté de corps et d'esprit.

Par exception, Rosette était son unique locataire, car ses habituées ne logent point chez elle. A partir de trois heures, elles arrivent, et les femmes présentes au salon, habillées en toilette élégante, paraissent être toujours en visite.

La veuve Frétille est le type parfait de la véritable procureuse. Elle a soixante ans, l'air respectable, les cheveux poudrés, et se donne des airs de duchesse. Le dimanche, elle se rend aux offices religieux, et le monde irrégulier la salue. C'est une farceuse qui s'est enrichie de la prostitution après des alternatives de bien-être et de misère. Ayant tout vu, tout entendu, elle met aujourd'hui sa funeste expérience au service des libertins, et, d'après sa comptabilité, malgré son âge, elle aurait pour certains personnages aux goûts corrompus des bontés d'arrière-saison.

A toutes les époques, le proxénétisme a vécu ; il arrive à son apogée, et, sur un plan de Paris, il serait facile de teinter les maisons des entremetteuses où, à un louis près, l'alcôve est tarifée. Il y a les distinguées, les bourgeoises, les ouvrières, dont les prix varient de cinq à vingt francs, et de deux à cinquante louis.

Filles luxueuses ou communes, à valeur fixe ou débattue, il ne s'agit pour les fournir que d'une question d'argent. On trouve de tout chez les procureuses, depuis la fille du peuple jusqu'à la plus enviée des courtisanes, et, parmi les trafics odieux, sans nom, on voit la mère qui corrompt, vend sa fille, devient sa compagne, et finit par rester sa servante. La jeune fille est livrée au vieillard conscient, dépravé ; et le mari complaisant prélève le bénéfice de sa femme dont il se fait l'associé, le compère. Il ne la reçoit au domicile conjugal que le dimanche, jour de repos. On accouple les filles, soit pour Lesbos, soit pour Cythère, et, dans des tableaux sensuels, ces infâmes proxénètes ne craignent pas de souiller des enfants.

Les habitués sérieux, riches, réguliers, sont le pain quotidien de ces ignobles créatures ; avec eux, le terme, les fournisseurs seront payés et par crainte de les perdre il faut absolument les contenter. Il y a le gros du soir, le maigre du matin et le petit vieux de midi; ils ont leurs habitudes, leurs exigences, l'un veut la même femme, l'autre en impose chaque fois une nouvelle et le troisième en réclame deux. Elles mettent donc leur imagination au service du plaisir et cherchent ensemble le moyen comme elles disent de *supérioriser les jouissances*.

Les gens qui aiment les femmes pour [la femme, ont leur classement chez les proxénètes, notaires, avoués, huissiers, médecins, commissaires priseurs, représentent les personnes graves et ceci se base sur leur coutume de traiter sérieusement les affaires. Les agents de change, banquiers, avocats, manquent de valeur, et les sénateurs, députés, conseillers municipaux, préfets, fonctionnaires n'ont pas de consistance. Quant aux militaires, leur contact avec l'élément civil les rend toujours faibles et naïfs.

Tous ces gardiens de la morale, de la liberté individuelle, de la famille, de la propriété, qu'ils soient rouges, blancs, tricolores, se coudoient dans une fraternelle intimité sans se douter du préjudice qu'ils causent au pays, et plus d'un secret d'Etat a pris le chemin de l'étranger en traversant les salons des entremetteuses. La plupart d'entre-elles servent d'agents précieux aux espions en usant des puissants moyens de l'alcôve.

Sur une proxénète écrasée, rue Cadet, par une voiture de commerce, il a été trouvé une lettre adressée au cousin de M. de Bismarck,

lettre qu'elle allait charger avant de la jeter
elle-même dans la boîte de l'administration
centrale des postes.

En voici le principal extrait :

. . . .

« Vous allez voir Nany, une jolie viennoise
qui élève gentiment la jeunesse et console
agréablement les vieillards. Elle voit en ce moment les hommes de tous les partis et tient dans
ses filets un royaliste et un chef radical, obèse,
malgré ses opinions. Elle fait aussi des visites
galantes suivies, au domicile d'un haut fonctionnaire politique, ayant le droit de manier les
fonds secrets et vous savez, par la pratique, que
l'emploi de cet argent n'a jamais servi à sou-
lager la misère et la vertu. Avec son esprit, son
intelligence, Nany vous racontera tout ce qu'elle
sait, c'est ma confidente, mon meilleur agent. »

. . . .

Cette lettre motiva des perquisitions au domicile de la proxénète décédée, ainsi que chez la
fille Nany et la correspondance examinée,
saisie, confirma la nature des relations avec
Berlin.

M. le Ministre de l'Intérieur prit un arrêté
d'expulsion contre l'étrangère, puis il donna une
leçon de dignité à plusieurs de nos gouvernants
en plaçant sous leurs yeux des notes dans lesquelles il était question d'armement, de revanche, notes prises d'après des conversations
tenues entre deux scènes d'orgies écœurantes.

Les viveurs blasés recherchent les maisons
de rendez-vous où on montre la « lanterne ma-

gique », c'est-à-dire un défilé de groupes d'individus se livrant à des actes obscènes. Beaucoup, comme au spectacle, y conduisent leurs maîtresses. Ces exhibitions commencent à quatre heures de l'après-midi ou à neuf heures du soir ; les frais de lumières doublent le prix des séances de nuit. C'est par des trous dits « voyeurs » que les débauchés examinent ce qui se passe dans la pièce ou le salon voisin.

Il y a de ces trous-voyeurs chez quantité de filles, cependant elles ne consentent à donner des représentations lubriques qu'à des amateurs discrets. Comme ces filles font leur commerce ensemble et les unes chez les autres, il en résulte qu'en y mettant le prix, on peut facilement s'offrir des *académies* disposées à se livrer, sur commande, aux raffinements de la dépravation. Mais il ne faudrait pas croire que les personnes ainsi vues ignorent qu'elles sont examinées, ce serait une grave erreur, car tout est prévu, entendu à l'avance, et les sujets exhibés forment une troupe, et la véritable comédie se joue entre souteneurs et filles. Souvent, et pour donner plus d'attrait à leurs réunions, quelques proxénètes reçoivent des pédérastes qui opèrent selon leurs goûts antinaturels.

Il y a dans ces sortes de séances diverses manières d'attirer et de satisfaire le désir de la clientèle. Si elle a l'envie de voir un prêtre avec une religieuse, un soldat avec une servante ou bien deux hommes ou deux femmes ensemble, on sait la contenter. Souteneurs et

filles s'affublent alors de vêtements préparés à
cet effet, et remplissent les différents rôles.

Après la représentation, les spectateurs
racontent volontiers dans les clubs, les établissements de nuit, qu'ils ont vu un curé ou un
soldat « faisant l'amour », et, au bout de quelques jours circule une légende dont le point de
départ est la mascarade.

Ces faits ont été maintes fois constatés, et
chez une proxénète de la rue Radziwil, j'ai découvert des fausses barbes, des masques en
étoffes de diverses couleurs et des costumes de
sœurs de charité. Il y avait aussi des emblèmes
représentant les deux sexes et des ustensiles
composant le matériel nécessaire à fortifier,
par la violence, les sentiments bizarres des
épuisés.

Une autre proxénète montrait les accords
des hommes et des femmes dans l'appartement
qu'elle occupait place de la Madeleine, mais
elle n'employait point de trous-voyeurs : on
regardait le spectacle derrière des tapisseries
très habilement disposées.

Parmi les maisons de rendez-vous, figurent
les boutiques « à surprises » tenues par de
jeunes femmes.

Les étalages de ces petits magasins sont ta-
pissés de marchandises pour ainsi dire inamo-
vibles et servant d'enseigne. Lorsque, par
hasard, un nouveau débarqué à Paris achète
un de ces produits, c'est le comble de l'étonnement pour les pseudo-commerçantes, car leur
véritable métier consiste à faire des signes dis-

crets, mais significatifs, aux passants sérieux
et à les conduire dans l'arrière-boutique ou
dans le sous-sol transformé en coquet boudoir,
où elles se vendent en vous promettant, si vous
êtes généreux, d'être encore plus aimables la
seconde fois.

A la nuit, les boutiques se ferment et les titulaires portent elles-mêmes leur marchandise
en ville.

Pour se soustraire aux arrestations qu'elles
auraient pu encourir sur la voie publique, les
prostituées eurent l'idée de louer des boutiques. Au début, ce commerce illicite ne fut
pratiqué que par des filles ayant encore conservé un reste d'éducation, de sorte qu'elles
étaient assez recherchées et n'avaient nullement besoin de faire des signes aux passants.

Elles se disaient femmes abandonnées de
leurs maris ou filles poursuivies par des malheurs, et cela réussissait, car plusieurs d'entre
elles vivent retirées en province en se donnant
la qualité d'anciennes commerçantes. Elles te-
naient généralement des boutiques de gante-
ries, coquettes, bien agencées et pourvues en
réalité de bonnes marchandises.

Les jolies gantières, sous prétexte d'éprou-
ver leur marchandise, introduisaient les clients
au petit salon d'*essayage*. Il y avait peu de ces
magasins ; on pouvait facilement les compter,
et, au lieu de s'installer comme aujourd'hui
dans les rues et les passages fréquentés, les
filles s'installaient au contraire aux endroits
les moins en vue puisqu'elles n'avaient pas

besoin de racoler les hommes à la porte de leur boutique pour faire recettes. Leur réussite excita l'envie d'autres prostituées, et l'on vit alors, après les événements de 1870-71, quantité de magasins s'ouvrir dans les quartiers riches; mais au lieu de mettre seulement des gants à l'étalage, elles y placèrent des cravates, des bretelles, des mouchoirs et différents objets de parfumerie.

Des plaintes ne tardèrent pas à surgir, et la Préfecture de police fut obligée d'intervenir, malgré les difficultés qu'elle éprouvait à sévir contre ces filles, chez lesquelles on ne pouvait pénétrer qu'avec l'aide d'un commissaire de police. Plusieurs furent condamnées, pour excitations de mineures à la débauche, d'autres reconnues atteintes d'affections syphilitiques pénétrèrent à Saint-Lazare et les étrangères prirent forcément le chemin de leur pays d'origine.

Ces mesures produisirent un semblant de résultat, mais six mois ne s'étaient pas écoulés que les mêmes boutiques se rouvraient. Croyant donner le change à l'autorité, les filles abandonnèrent les gants, la parfumerie, les bretelles, les cravates, et transformèrent leurs magasins interlopes en simples dépôts de marchandises. Elles s'entendirent à cet effet avec des industriels, et moyennant une somme versée mensuellement, en garantie du loyer, ceux-ci consentirent à leur confier des objets de curiosité, tableaux anciens, vases, lampes, pipes, meubles de luxe, bois sculpté.

A chaque quinzaine, le commerçant procède

à l'inventaire de sa marchandise, et le bénéfice provenant des ventes est partagé entre la fille et lui.

Le loyer, au nom du dépositaire, sauvegarde ainsi ses intérêts, de cette .... .n, la femme se trouve « être à la journée, » et en cas de départ il ne subit aucun préjudice, car il est à même de trouver autant de filles qu'il en voudra pour tenir sa boutique.

Les propriétaires spéculant sur la prostitution, trouvent à ces sortes d'arrangements une source importante de revenus ; ils s'inquiètent peu des plaintes du voisinage, doublent le prix du loyer, et entretiennent d'excellentes relations avec les filles.

Les concierges, largement récompensés, sont aussi les premiers à favoriser la débauche, et lorsque la police cherche à recueillir des renseignements ou prescrit des surveillances, les femmes galantes en sont tout de suite prévenues.

Que les proxénètes aient hôtels, appartements, boutiques, toutes reçoivent, favorisent les habitudes vicieuses, les désirs révoltants d'individus occupant des situations marquantes dans la magistrature, les ambassades, les ministères, et l'on comprend pourquoi leur asile est inviolable auprès des autorités qui paraissent être les plus sérieusement établies. Cette grande mansuétude se justifie par la crainte de divulgations, et plus d'un fonctionnaire habile n'a dû son rapide avancement et sa décoration qu'à son silence intéressé.

CINQUIÈME PARTIE

MAISONS TOLÉRÉES

Les femmes inscrites sur les contrôles de la prostitution se divisent en deux catégories : les *isolées,* ayant un domicile particulier, et les *pensionnaires,* séjournant dans les maisons dites « de tolérance ». Elles peuvent passer d'une catégorie à l'autre, mais, libres ou en maisons, elles restent toujours sous la dépendance d'une infinité d'exploiteurs.

Au centre de Paris, les maîtresses de tolérance se font appeler *madame* par leurs pensionnaires. Dans l'ancienne et la nouvelle banlieue, elles conservent encore le titre de *maman maca* (entremetteuse).

Aucune femme mariée ne peut tenir ou gérer une maison sans le consentement écrit de son mari ; et ce consentement une fois donné, la préfecture de police ne connaît plus cet homme, qui devient alors le domestique de sa femme, car elle seule reste responsable des désordres pouvant se produire soit à l'intérieur, soit à l'extérieur de l'habitation par le fait des filles qu'elle loge ou reçoit passagèrement. Le livre de police est à son nom et mentionne ses devoirs professionnels, devoirs qui doivent être rigoureusement suivis, sous peine de fermeture immédiate de l'établissement. Il leur est surtout interdit de recevoir des mineurs, ainsi que les élèves des collèges, écoles nationales civiles et militaires en uniforme.

Parmi les époux de ces tenancières, plusieurs ont exercé des métiers nécessitant des aptitudes spéciales, tels que pour la gravure, la mécanique, l'horlogerie et le professorat. L'un d'eux, surpris de mon étonnement, me disait : « Ma femme gagne beaucoup d'argent et je pourrai doter mes filles. » Un second s'est vaillamment conduit à la défense héroïque de Châteaudun. Un troisième, ancien colporteur, ne sachant ni lire ni écrire, a réalisé, par son intelligence et sa rouerie, une fortune *prisant* le million. C'était son mot. Il plaçait son orgueil à créer des maisons aussi bien à Paris qu'à l'étranger; il mourut à Anvers dans le plus beau de ces établissements, après s'être fait entourer d'un espalier de filles en costume de travail. « Elles sont toutes « au salon, » dit-il à sa femme. Et ce fut sa dernière phrase.

Très peu de maris se montrent dans les maisons exploitées par leur femme; ils se lèvent vers midi, déjeunent et se rendent chez les fournisseurs. La fin de la journée s'écoule à jouer aux cartes et au billard. Ceux qui fréquentent les courses, les spectacles, les cirques et les concerts, s'occupent de placement de billets de théâtres, ou de commissions pour leurs confrères de province. La vie paresseuse et de plaisirs qu'ils mènent ne les empêche point de se retirer des *affaires* et d'aller vivre de leurs rentes à la campagne où leur origine n'étant pas connue, ils deviennent, grâce à la *tolérance* du suffrage universel, les premiers notables de l'endroit.

Les titulaires d'un livre de police sont toujours majeures et ne doivent pas plus se livrer à la prostitution que vivre maritalement, mais elles peuvent voir leurs amants dehors. Les propriétaires de tolérances avec estaminets emploient, pour nettoyer la salle, ouvrir et fermer les volets, mettre à la porte les ivrognes tapageurs, de grands, solides, vigoureux garçons, véritables Hercules qui, leur service officiel terminé, vont, la plupart, se reposer dans le lit de leur patronne.

L'exploitation d'un établissement toléré est rarement héréditaire, et la fille ne continue pas le honteux commerce de sa mère. Cependant, le cas s'est présenté : la femme d'un ingénieur qui voulait surveiller elle-même ses intérêts consentit à gérer une maison, le temps nécessaire au retour à la santé de sa mère, veuve, et en résidence à Alger. Élevée au couvent, elle exigeait de la déférence et certains égards des pensionnaires au nombre de trente.

Aucun homme n'avait le droit de lui parler le chapeau sur la tête. « Je suis une *honnête femme*, s'écriait-elle avec un air courroucé, et l'on m'insulte en restant couvert. » Elle n'admettait pas qu'en se mettant au service de la débauche, en commandant à ses trois bonnes de faire et défaire les lits, elle salissait ce titre d'honnête femme et qu'un beau matin elle pouvait, à la suite d'un délit de droit commun, se réveiller à Saint-Lazare. Elle souffleta la sous-maîtresse qui, en lui faisant la révérence, l'avait ironiquement appelée : « Madame de la Bordelière ».

Plusieurs maîtresses de maisons jouent à la grande dame, elles ont hôtels, chevaux, voitures, et entretiennent des *chanteurs légers* dont la moralité n'est pas aussi *claire* que la voix. Elles abandonnent alors leurs tolérances aux soins de la sous-maîtresse, pour aller s'amuser dans les villes d'eaux et aux salons de jeux de Monte-Carlo.

A chaque semestre, le chef du service actif des mœurs remet au Préfet de police, avec le nombre des maisons dites de tolérance, le recensement de leurs pensionnaires.

Voici pour le département de la Seine le dernier résultat connu :

Paris possède 64 de ces maisons, dont 25 avec des estaminets; Boulogne, Courbevoie, Saint-Denis et Vincennes en comptent 8, ce qui forme un total de 72 tolérances.

En 1810, il en existait 180
— 1840,   —   · 200
— 1860,   —   150
— 1870,   —   145
— 1880,   —   110
— 1888,   —   72

Les partisans de leur suppression peuvent être satisfaits, les maisons publiques se ferment et cela au détriment de la santé publique.

Dans ces maisons figurent 750 pensionnaires, en les joignant aux 1.100 filles ayant un domicile particulier, et, aux 800 logées en garni, on trouve 2.650 vendeuses de joie régulièrement enrégimentées.

Sur ces 2.650 femmes actives on en compte 106 âgées de 50 à 60 ans, 30 de 60 à 70, 145 mariées, 32 veuves et 120 mineures.

Le chiffre des filles inscrites était :

En 1810, de 1.500
— 1840, — 3.000
— 1860, — 4.200
— 1870, — 3.600
— 1880, — 2.850

Il est aujourd'hui réduit à 2.650.

Le recrutement des femmes pour les tolérances n'existe pas à Paris; elles vont s'offrir dans celles qui leur conviennent le mieux; cependant on a vu des maîtresses de maisons se tenir aux abords du dispensaire et racoler des filles en état de vagabondage. Ce fait a lieu quand les pensionnaires, trop peu rétribuées, font défaut aux établissements installés sur les anciens boulevards extérieurs.

A l'intérieur de la capitale, les titulaires de tolérance n'ont jamais besoin de faire des démarches pour avoir du personnel. Comme on gagne de l'argent chez elles, les filles s'y rendent continuellement. Il n'en est pas de même en province où les tolérances manquent souvent de sujets présentables, ce qui oblige les tenanciers à faire ce qu'on appelle : *la remonte*. Après avoir consulté l'*Annuaire spécial aux maisons de société*, dans lequel se trouve par ordre alphabétique la nomenclature des villes de France et de l'étranger avec leur population flottante et sédentaire, ils se mettent en route, et ramènent de Belgique, de Hollande, de Suisse, d'Italie et d'Espagne des filles rencontrées dans les brasseries, les bureaux de placement, et c'est ce qui donne naissance aux différents articles publiés dans la Presse, sous la rubrique : *Traite des blanches*.

Etranges filles que ces pensionnaires. Jolies, laides, bêtes, spirituelles, toutes ont leur minute de folie et de désespoir ; elles passent simultanément du rire aux larmes, des menaces aux caresses. Si on écoute leurs confidences, elles imputent à la fatalité la cause de leur premier abandon, et pour mieux exciter la pitié des clients, elles renouvellent cette éternelle et vieille histoire de filles séduites. Aucune n'était née pour ce genre de vie et c'est par besoin qu'elles exercent ce répugnant métier. La corruption morale est rarement complète, car dans leur chambre particulière, nue, délabrée, se trouvent des objets de piété, des fleurs desséchées, souvenirs du pays, et des livres honnêtement écrits. J'y ai vu l'*Abbé Constantin,* de Ludovic Halévy ; les *Amours d'un Interne,* de Jules Claretie ; *Sans Famille,* cette perle d'Hector Malot ; les *Femmes au Cœur d'or,* d'Eugène Moret.

La plupart de ces filles sont superstitieuses à l'excès. Je me souviens d'une, nommée Cuivre, arrêtée pour ivresse et outrage aux agents. Extraite du Dépôt par un jeune garde de Paris, qui devait la conduire au petit Parquet, elle persuada à ce militaire qu'il fallait se rendre à la 10ᵉ Chambre correctionnelle, où elle était attendue.

On chercha le dossier introuvable et le Président donna l'ordre d'amener la fille Cuivre au service de sûreté, afin d'y fournir des explications. Elle me débita ce qui suit avec sang-froid et conviction :

« J'ai reçu mon assignation et je dois compa-
» raître devant mes juges, demain vendredi 13 ;
» comme je redoute les funestes conséquences
» de cette date toujours néfaste pour moi ;
» faites-moi, je vous en prie, juger aujour-
» d'hui ou samedi 14, car demain je serais cer-
» tainement condamnée à la prison. »

En dehors du quantième 13, si redouté et du vendredi fatal, les filles en maisons conservent la plus grande confiance dans les cartes qui, pour elles, ne mentent jamais ; aussi, les interrogent-elles à tout propos. Les as devien-

nent des clients, les trèfles, des messagers de
recettes, et le valet de pique, l'inspecteur des
mœurs, muni des clés de Saint-Lazare, dont il
ne manque pas de faire usage. C'est donc un
avertissement certain d'une incarcération prochaine. Si la journée est mauvaise, le soir,
elles cherchent à deviner ce que sera celle du
lendemain, en jetant sur le sol une pièce de
monnaie. Le côté pile représente le chagrin, le
côté face la réussite.

Ces mercenaires de la prostitution officielle,
malgré l'absence de désirs physiques, sont en
contact perpétuel avec les hommes, et n'ayant
que la joie des autres pour vivre, elles se sou-
mettent à un travail absolument mécanique.
Aux environs des casernes, comme celles de
Grenelle, les jours de presse, elles fonctionnent à la série; chaque soldat moyennant cinquante centimes reçoit un numéro d'ordre.

Dans les quartiers excentriques : à Montrouge, aux Deux-Moulins, à Charonne, le prix
varie de un à cinq francs, selon l'importance,
le luxe de la maison.

Les pensionnaires, habillées de diverses couleurs, ont la poitrine et les bras nus. Sur le
maillot se noue le petit jupon court s'arrêtant
à la naissance des jambes. Rebut du centre de
Paris et presque toutes se livrant à l'intempé-
rance, ces femmes, âgées de 30 à 40 ans, guettent l'arrivée des clients composés d'ouvriers
et de rôdeurs. Si, par hasard, deux ou trois
personnes ayant une mise convenable, se présentent, les filles, subitement décontenancées,

n'abordent les nouveaux venus qu'après y avoir
été invitées par la maîtresse de l'établissement,
et encore, n'ont-elles pas, vis-à-vis de ces
inconnus, le sans-gêne dont elles font preuve
avec leurs favoris habituels.

Entre les rues de Charonne et du Faubourg-
Saint-Antoine, se trouve la rue Sainte-Marguerite avec son aspect sordide, misérable, foyer
de maladies infectieuses, toujours visitée par
le choléra. Cette voie de sept mètres de largeur
sur deux cent quatre-vingt-dix mètres de longueur doit son nom à une vieille église à laquelle attenait un cimetière où fut enterré,
le 16 juin 1795, le pauvre petit enfant de
Louis XVI, mort à la prison du Temple. Sur
cent dix immeubles, trente sont pourvus d'hôtels à la nuit et cinquante ont pour locataires
des crêmiers, cabaretiers et gargotiers, dont
la plupart servent de refuge aux chiffonniers et
aux malfaiteurs de toute nature. Les habitants
honorables de la rue désignent leurs jolis voisins sous les épithètes suivantes : *portiers* le
matin, car ils font le guet ; *voleurs* à midi,
et *souteneurs* le soir, parce qu'ils s'exercent ef-
fectivement au vol en plein jour et à l'exploitation des filles dès la nuit.

Cette fameuse rue Sainte-Marguerite, légendaire par sa saleté, aussi malsaine que pittoresque, ne possède aucun de ces établissements
que l'on peut visiter.

En 1875, une fille publique, mariée à ce lut-
teur si connu à Paris, créa néanmoins, au milieu de cette population interlope, un estaminet

luxueux converti en maison de tolérance. Trois ans plus tard, l'établissement était revendu avec un assez fort bénéfice.

La maison possède au rez-de-chaussée une grande salle garnie de glaces, et au premier le salon spécial, isolé, où sont admis les clients sérieux, marchands de chiffons en gros et entrepreneurs d'ébénisterie de la rue du Faubourg-Saint-Antoine. Douze chambres servent au travail des passes et vingt-deux pensionnaires y font le service. Celles-ci ont figuré dans les tolérances de premier ordre et de cinq, dix et vingt francs qu'elles valaient, elles sont descendues à trois francs. Le prix des consommations est modéré : la bière coûte un franc, le vin cacheté le double ; quant au champagne, il n'apparaît qu'au moment des grandes fêtes, où les ouvriers artistes dans l'ameublement se mettent en goguette. Chose rare, la maison est tenue par une veuve fort convenable, au point de vue des apparences et ayant reçu une certaine éducation. Jeune encore, elle vient de perdre son mari, ancien souteneur, doué d'une force herculéenne. Il avait sa voiture et deux chevaux pour aller se promener au Bois, ce qui mécontentait ses voisins les chiffonniers. Un jour, dans une rixe avec ceux-ci, il fut roué de coups et en mourut (1).

Les maisons de tolérances établies non loin de la Bourse et du Palais-Royal sont montées

____

(1) Cette maison publique a été fermée en 1884. Elle vient de faire sa réouverture. (Avril 1888.)

avec la plus grande fantaisie. En y pénétrant, on est ébloui par le scintillement des glaces ouvragées, la profusion des dorures, l'éclat des lumières. Chaque *retiro,* décoré de riches et brillantes tentures, a un luxueux confortable, dont le cachet particulier, original, rappelle aux étrangers le coin intime de la patrie absente. Parmi les pièces aux ameublements curieux figure la chambre transformée en cabine de paquebots de hauts bords. Les murs, tendus en toile, se relient, à l'aide de cordelettes et de poulies, à des voiles déployées qui servent de rideaux. Le lit, placé dans un filet, a la forme du hamac et se trouve suspendu par des cordages de navires. Il en résulte que le roulis d'un vaisseau se produit chaque fois que la personne étendue sur le lit opère le moindre mouvement. Un tonneau fixé sur chevalet contient le petit meuble indispensable, des ballots servent de sièges, et la malle, recouverte en coutil, renferme les objets de toilette.

Le voyageur, au milieu de ces agrès, peut s'imaginer qu'il fait une heureuse traversée.

La chambre obscure mérite sa mention spéciale. Eclairée par l'électricité, elle possède un lit encadré de rideaux noirs avec franges et glands d'or. Les rayons lumineux, aux couleurs changeantes, se dirigent sur un plafond de ciel azuré, au milieu duquel plane Eve en costume du Paradis terrestre.

L'installation d'un de ces établissements, rempli d'objets d'art, a coûté quinze cent mille francs, et ses frais dépassent trois cents francs par jour. La baignoire, en cuivre repoussé d'une seule pièce, représente quatre mille francs, et la chambre à coquille, en guise de lit, a une énorme conque marine qui repose sur le tapis *broché* exprès et simulant la mer. Cette conque a été construite dans la pièce même, et, s'il fallait la sortir, on serait obligé de la mettre en morceaux.

En 1878, à la dernière Exposition, on y a encaissé jusqu'à cinquante mille francs par mois et les bénéfices ont dû être énormes puisqu'ils se chiffrent en moyenne à 75 p. 0/0. Du reste, cette année-là, les établissements de ce genre ont doublé leurs recettes, malgré le nombre insuffisant des pensionnaires.

En dehors de leur Annuaire les maîtresses de maisons usent des moyens de publicité à l'aide d'invitations, photographies, dessins, remis aux gérants de cercles et de réunions privées, ou bien encore avec de l'argent adroitement versé entre les mains d'employés des gares de chemins de fer, de cochers, des garçons de restaurants et d'hôtels. C'est ainsi que plusieurs membres d'un cercle très important invitèrent leurs amis à souper en compagnie des filles d'une maison de premier ordre. La seule boisson permise était le champagne. L'orgie terminée, la patronne donna l'ordre de refuser le prix des dépenses. Le lendemain, elle reçut un bracelet enrichi de gros brillants dont la valeur dépassait de beaucoup les frais du souper. Ces jeunes gens formèrent la clientèle de la maison : comme on le voit, c'était assez bien imaginé.

Les maîtresses de maisons publiques impor-
tantes, occupent sous-maîtresses, lingères, couturières, femmes de chambre, cuisinières et
vingt à vingt-cinq pensionnaires. Deux garçons
facilitent les gros ouvrages. Elles ne peuvent
recevoir aucune autre personne du sexe féminin, cela est formellement interdit sous peine de
fermeture momentanée et même définitive.
Cependant des femmes d'origine étrangère, des
actrices renommées, des filles entretenues y
viennent en cachette : les unes par curiosité,
les autres par dévergondage. Les membres des
clubs et des cercles amènent aussi des femelles
qui, avec le concours des pensionnaires, organisent des tableaux intimes, où un seul sexe
apparaît sur le tapis de velours noir.

Ces débauchés fraternisant avec la prostitution officielle, sont discrètement exploités par
les maîtresses de maisons, et comme les sommes reçues ont leur importance, elles s'arran-
gent de façon à n'être pas surprises.

Choisies avec le plus grand soin, les belles
filles abondent dans les hautes maisons de plaisir, et le soir, habilement maquillées, elles
paraissent fraîches, bien que leur manière de
vivre soit accidentée, fatigante et fatale à
leur beauté. Depuis huit heures du soir jusqu'à
quatre heures du matin, elles sont obligées de
se tenir à la disposition des clients et de boire
le champagne outre mesure. La plupart ont
leurs habitués, et gagnent énormément d'argent, si on en juge d'après les carnets de celles
qui tiennent leur comptabilité au jour le jour.

On y voit des mois ayant rapporté mille, douze, et quinze cents francs. Il y a des femmes mariées qui, pour avoir leur tranquillité, entretiennent ainsi leur mari. Ces filles pourraient donc avoir de sérieuses économies, mais l'amant de cœur est là ; s'il ne pénètre jamais dans la maison, il la surveille de la brasserie voisine et quotidiennement il envoie le commissionnaire *toucher son prêt*.

Les toilettes de *salon* confectionnées dans les tolérances changent à chaque trimestre : les filles portent soit des vêtements uniformes, soit des corsages et maillots de différentes couleurs, ou ne sont couvertes que d'un léger voile de gaze permettant d'exhiber leurs charmes. Toutes les semaines elles versent vingt francs pour l'entretien, l'usure et les changements de leur choix.

Les passes sont de cinq, dix et vingt francs, les consommations le même prix, et les visiteurs ne donnent guère moins aux femmes de leur choix.

Les pensionnaires font quatre repas ; le premier à midi, se compose de trois plats, le dessert et la demi-bouteille de vin. Au deuxième repas, vers six heures, on ajoute au précédent menu le potage et le café ; le troisième a lieu à minuit et le quatrième à cinq heures du matin. A ces derniers soupers on ne sert que de la viande froide, de la salade et du vin. C'est une fortune pour les fournisseurs, car le personnel consomme jusqu'à deux cents francs de vivres par jour.

En dehors de la visite hebdomadaire ordonnée

par la Préfecture de police, un médecin particulier vient régulièrement examiner les filles
sur le fauteuil ou *lit de visite,* et, au moindre
malaise, elles restent consignées jusqu'à nouvel
avis du docteur.

Si les chambres servant au service des passes
sont merveilleusement agencées ; il n'en est pas
de même de celles situées aux étages supérieurs,
où logent les filles.

Autant chez les unes, on remarque des soins
luxueux offrant tout le confort désirable, autant
les autres sont pauvres et sales, c'est le contraste
frappant, l'image de la vie dans son réalisme le
plus vrai : son beau et son vilain côté. En effet,
il est étrange de voir ces femmes se prostituer
sur des lits moelleux, aux superbes tentures,
marcher sur d'épais tapis, se servir d'objets
d'art avec l'aisance que donne l'habitude de la
fortune ; puis, dans l'obligation d'aller dormir
sur une couchette réduite à sa plus simple
expression, entourée de pots à eau et de vases
malpropres, dans une chambre où le ménage
n'est fait que lorsque les domestiques ont du
temps à perdre.

Contrairement à la règle imposée, elles couchent à deux, et chaque pièce renferme plusieurs
lits.

Les persiennes hermétiquement closes sont
cadenassées ou scellées par des pattes en fer
laissant à peine le passage de l'air respirable et
si un incendie éclatait subitement dans l'escalier, les malheureuses n'auraient aucun moyen
de fuir.

Dans ces réduits appelés *bahuts,* il se passe des scènes révoltantes causées par l'ivresse et la jalousie.

Une maison publique a eu longtemps de la notoriété ; on en parlait dans les cercles, les restaurants à la mode ; et les vieux libertins, après souper, ne manquaient jamais d'aller voir « la lune » soit pour achever de se griser, soit pour y rencontrer des filles, *des enfants,* disaient-ils, qui se prêtaient volontiers à toutes leurs exigences, moyennant des sommes insignifiantes. Rendez-vous de débauchés qui croyaient fermement cet endroit inconnu de la police, il passait pour contenir des fillettes *sages* ou presque *sages.* A la vérité, la maison, depuis vingt ans exploitée en tolérance, ne renfermait que des pensionnaires inscrites sur les contrôles, et parfaitement en règle avec l'administration. Grâce à l'intelligence de la titulaire, l'erreur des habitués a subsisté longtemps. Ancienne femme soumise, elle sut d'une manière fort habile disposer l'immeuble de façon à lui ôter son cachet spécial tant à l'extérieur qu'à l'intérieur. Le gros numéro, enseigne habituelle fut enlevé, ainsi que les persiennes vertes qu'on remplaça au rez-de-chaussée par une barrière de bois munie d'une sonnette d'appel. Au premier étage, le bureau prit le titre de loge du concierge, et la porte à droite (le salon) fut décoré d'une magnifique plaque de cuivre sur laquelle on lisait : « Modes et Fleurs. » Des salles meublées avec goût composent le second étage, au troisième, les chambres de passes garnies de

glaces jusqu'au plafond, ne laissent rien à désirer par la multiplication des faits et gestes des
filles se livrant à la débauche. L'escalier ayant
conservé sa simplicité primitive, paraît ne des-
servir que des appartements loués à des bourgeois ou à des industriels, dont les plaques
indicatives achèvent d'entretenir l'illusion ;
enfin, l'ensemble sauve toutes les apparences,
satisfait la clientèle, la propriétaire et les voisins. Le succès de cette maison reposait sur un
simple tour d'adresse, admirablement exécuté
par la titulaire : choisir parmi les filles celles
ayant des visages enfantins et l'apparence de
n'être âgée que de quinze à dix-huit ans, afin
de les dresser, par d'habiles conseils, à remplir
le rôle d'ouvrières en rupture de famille. Cette
classe de nouvelles élèves obtint un renom
fameux parmi les amateurs d'ingénues. Ceux-
ci satisfaits de la découverte d'un nid mystérieux, certains d'assouvir leurs mœurs dépravées, dans un endroit créé à leur usage personnel, se gonflaient d'amour-propre d'autant plus
qu'ignorant en matière de spéculations sur la
prostitution autorisée, ils se croyaient vain-
queurs d'obstacles multiples.

Ingénieuse, la maîtresse de maison, prenant
soin de souligner sa prétendue faute, ses ris-
ques, son châtiment, par l'exagération de ses
plaintes, elle imposait silence au propre et au
figuré, car, disait-elle, des *locataires grincheux*
la menaçaient de lui faire donner congé au
moindre bruit. Généraux, marquis, financiers,
bourgeois, marchaient donc avec précaution en

redescendant l'escalier, et passaient doucement devant le fameux écriteau : « Modes et fleurs », où le soi-disant ménage grincheux habitait. Ils s'estimaient encore heureux de payer relativement cher les faveurs de filles publiques et le droit de monter sur la pointe du pied dans une maison de tolérance.

Des restaurateurs, des maîtres d'hôtels, s'étaient également laissé prendre aux manœuvres de cette femme, convaincus qu'elle faisait commerce de petites filles débauchées; ils lui firent des commandes sous le couvert de plumes ou de fleurs de telle ou telle nuance ; elle leur expédiait alors les pensionnaires paraissant le mieux répondre aux désirs de ses correspondants.

La Préfecture de police se lassa de recevoir des plaintes contre cette maîtresse de tolérance signalée comme excitant à la débauche de jeunes mineures, lui intima l'ordre de ne plus costumer les filles soumises avec des vêtements semblables à ceux des honnêtes ouvrières et de supprimer ce titre de : *Maman,* dont elle aimait à se parer au milieu de son troupeau féminin.

Les trous voyeurs pratiqués dans les portes des chambres de passes furent bouchés et des visites de nuit successives mirent bientôt en fuite les « vieux amis » de la maison qui finirent enfin par reprocher à _'exploiteuse de les avoir... *mis dedans;* mais six années des plus lucratives lui avaient permis de réaliser de forts bénéfices et de vendre cinquante mille francs une tolérance achetée quinze mille.

L'histoire de cette femme est des plus curieuses : originaire du Midi et mariée à seize ans
avec un étranger, elle serait devenue veuve six
mois après son mariage. ·

Profitant de son indépendance, elle vint à
Paris et se livra à la prostitution. Sa beauté,
ses formes, son caractère et surtout ses excentricités la désignèrent aux chercheurs d'aventures galantes. Grande, bien faite, portant con-
venablement la toilette, elle se montrait d'abord
sur les boulevards, toujours vêtue de noir et ne
parlait jamais à personne ; elle voulait seulement être suivie.

Au seuil de la porte, elle se retournait en
souriant, puis se montrait à la fenêtre de son
salon situé au premier étage. Presque aussitôt,
la bonne introduisait les amateurs. Elle prit
pour amant un joli garçon, nettoyeur de boutiques, dont elle voulut faire *sa chose* en l'affu-
blant de l'habit et du gilet de cérémonie ; mais
en promenade il écartait plus les clients qu'il
ne les attirait ; elle voulut s'en débarrasser. Il
résista, et, à la suite d'une scène violente, la
fenêtre s'ouvrit et le souteneur, n'étant plus
soutenu, tomba sur la voie publique. Relevé
sans blessure apparente, on le remonta dans
l'appartement où il reçut des soins dévoués de
la part de celle qui l'avait si impitoyablement
fait passer par le chemin des amoureux. Aussitôt debout, il s'enfuit achever sa convales-
cence en province, où il se guérit à tout jamais du désir de revoir la capitale. Ce porte-
drapeau en habit noir n'ayant pas réussi, la

prostituée essaya d'une nouvelle combinaison.

Un joueur d'orgue, jeune et manchot, venait trois fois par semaine moudre les airs de sa mécanique sous la porte de la maison ; elle songea à tirer parti de cet homme en lui envoyant des poignées de sous, ce qui attira les gamins et l'attention du public. Ce n'était pas suffisant. Un matin, elle envoya sa bonne auprès de celui sur qui elle avait jeté son dévolu pour lui dire de monter. — Mon ami, lui demanda-t-elle sans préambule, voulez-vous être mon amant ?

Interloqué d'une semblable proposition, le pauvre diable se demanda si la belle dame n'était pas folle, et elle, pour dissiper un compréhensible embarras, se hâta de lui donner un supplément d'explications.

— Vous abandonneriez, ajouta-t-elle, cette affreuse musique qui doit au repos vous casser les reins quand elle ne vous casse plus les oreilles.

Le manchot crut rêver et demanda la nuit pour réfléchir. Le lendemain, il déjeunait avec sa nouvelle maîtresse qui lui promettait de subvenir à ses besoins et à ses plaisirs, à la condition qu'il porterait pantalon gris, blouse bleue, cravate jaune et casquette de velours. Le marché conclu, signé, elle reprit ses promenades en compagnie de son manchot transformé en souteneur de bas étage, lui d'une propreté irréprochable avec du linge fin, des souliers vernis, elle vêtue de satin noir et de jais. De distance en distance, laissant tomber, comme par mégarde, en retirant son mouchoir, des cartes enjolivées d'oiseaux, favoris de Vénus ; l'estropié comprenait enfin toutes les finesses du métier, et se prêtait à merveille à cette réclame consistant à afficher une femme comme autrefois il étalait sa misère.

Fidèle à son système, elle voulait bien être suivie, mais non qu'on lui parlât dans la rue. Au jardin du Palais-Royal, un homme l'ayant engagée avec insistance à monter dans une voiture, elle lui cracha au visage; l'inconnu leva sa canne, mais le manchot aussi bon pour la désigner aux amateurs que pour la défendre, sortit de sa poche un solide crochet d'acier avec lequel il harponna l'indiscret qui, dans sa frayeur, s'enfuit, abandonnant au bout de l'outil, un morceau de son pardessus.

Bientôt l'ex-musicien trouvant bonne chère et vie paisible, acquit un embonpoint gênant pour l'élégante fille. Elle voulut le congédier, il résista naturellement, elle lui dépeignit le sort du nettoyeur de boutique; et, ma foi, le manchot après avoir hésité entre la fenêtre ou la porte, choisit cette dernière, le chemin étant moins périlleux. Ce fut avec désespoir qu'il rendossa la bretelle de son orgue de Barbarie dont il recommença à jouer lamentablement sous les croisées de sa belle, et les sous qu'elle lui jeta par dérision, ricochèrent dans ses carreaux. Nouvelle réclame, joli scandale, autant de profit pour la prostituée. Ses excentricités nécessitèrent plus d'une fois son arrestation : déjà sa seule personne ne suffisait plus à son commerce et elle exploitait quelques-unes de ses acolytes qu'elle faisait passer pour de pauvres ouvrières innocentes et maltraitées de leurs familles. Cependant toutes, comme elle, figuraient sur les contrôles de la prostitution.

D'un coup d'œil, elle toisait les agents des mœurs et, suivant le résultat de l'examen, elle jugeait la dose d'habileté à déployer pour les éconduire à l'aide de scènes tragiques, comiques ou sentimentales, suivant la *tête des bonshommes* et le cas de la faute reprochée.

Après avoir usé de tous les stratagèmes, pour éviter de les suivre au Dépôt, elle priait les employés de l'attendre au salon où était suspendu le portrait en pied d'un vieux général recouvert par une légère tapisserie fixée en haut du grand cadre doré. Portrait et cadre provenaient de l'Hôtel des Ventes. « Je vais m'apprêter », disait-elle, et apparaissant bientôt en peignoir de batiste ouvert, les cheveux défaits, la figure épouvantée d'un geste théâtral, elle relevait la tapisserie masquant le portrait, et, à genoux, elle s'écriait, en joignant les mains : « Tu vois, pauvre père, ton enfant, » pour qui tu as tout sacrifié, ta fortune, ta » vie, tu la vois, elle est repentante, et ces » sbires, que je ne puis fléchir, veulent l'en- » voyer en prison. Oh ! pardonne, pardonne à » ta malheureuse fille qui implore la mort pour » aller te retrouver au ciel. » Des sanglots étouffaient sa voix, et elle se laissait tomber anéantie sur le tapis. Les agents, anciens militaires, s'attendrissaient et, après s'être consultés, ne maintenaient pas toujours l'arrestation. Comme pièce à conviction, elle retirait d'un écrin les décorations de son soi-disant père.

Le général finit par perdre de sa valeur, il reparut à l'Hôtel des Ventes et fut remplacé par le portrait d'un officier supérieur de la marine, qu'elle présentait comme son frère, mort courageusement pour la France.

Pendant près d'un demi-siècle, cette femme pratiqua la débauche, tant pour son compte personnel que pour celui de ses semblables, sut satisfaire à tous les vices et personnifier la prostitution sous toutes ses formes. Maintenant, retirée des affaires, ne pouvant plus rien s'offrir ni offrir aux autres, elle répand des aumônes autour d'elle et assiste aux cérémonies religieuses avec une édifiante régularité. Elle prétend préparer sa paix avec Dieu, et déclare tout bas qu'aujourd'hui c'est « son homme ».

Le nombre des maisons de tolérance dans les communes suburbaines a également diminué, par l'augmentation incessante des brasseries et cabarets ouverts à la débauche.

La cherté des logements à Paris, la facilité des moyens de transports, l'usage des cartes d'abonnements sur les lignes des chemins de fer de la banlieue, ont éloigné du centre une quantité de filles n'ayant d'autres moyens d'existence que la prostitution, et les villes de garnison, telles que Vincennes, Courbevoie, Saint-Denis, Suresnes en sont infestées.

En 1875, les arrondissements de Sceaux et de Saint-Denis comptaient seize tolérances, réduites aujourd'hui à huit, aussi les bulletins

signalant les militaires malades ont plus que
triplé. Ces bulletins sont envoyés par les chefs
de corps à l'état-major de la Place de Paris,
qui les fait parvenir à la Préfecture de police.
L'inspecteur ayant mission de rechercher les
filles atteintes de maladie vénérienne se présente à leur domicile et les invite à se rendre
au dispensaire. Les unes promettent d'y aller,
les autres opposent un refus formel et toutes
le lendemain se réfugient, sous de faux noms,
dans les communes voisines, où elles continuent facilement leur commerce, en se riant
des polices locales insuffisantes à les poursuivre. Sur vingt filles signalées malades par des
soldats, on arrive, en se conformant aux conditions réglementaires, à en conduire deux au
bureau médical, et le plus souvent elles sont
l'objet d'une vengeance et par cela même *reconnues saines*.

Dans les maisons de tolérances, si des rixes
se produisent entre civils et militaires, l'administration ferme pour huit ou quinze jours ces
établissements, qui sont en outre consignés
pendant plus d'une année pour la troupe.

C'est ainsi qu'à la Sainte-Barbe, le 4 décembre, fête traditionnelle des artilleurs, célébrée
avec entrain dans la plupart des casernes, les
tenanciers de tolérances de Vincennes, Courbevoie, Saint-Denis, ont ordre de tenir leur
porte fermée à partir de neuf heures du
soir.

Les maîtres d'hôtels, les cabaretiers, recevant en permanence les prostituées, provoquent

les jours fériés ce genre de scandale dont ils font leur profit.

Lamennais a dit, en parlant des courtisanes stériles : « Le blé ne pousse pas sur les grandes routes ». Cette parole est exacte pour la majorité des femmes galantes. Celles qui deviennent mères ne sont généralement pas de mauvaises natures et c'est à la suite de défaillances causées par l'abandon, la misère, qu'elles ont demandé leur inscription et leur séjour en tolérance.

J'interpellai l'une d'elles, enceinte et pensionnaire dans une maison publique du quartier Latin.

— Connaissez-vous au moins le père de votre enfant ?

— Assurément, car parmi tous les hommes auxquels mon infect métier m'oblige à me livrer, je n'en aime qu'un ; et j'ai voulu lui prouver mon amour par la maternité. C'est, ajouta-t-elle d'un air soucieux, peut-être le moyen de me relever en devenant une bonne mère.

— Où accoucherez-vous ?

— En province, chez ma grand'mère. — Je lui viens en aide, à la pauvre vieille, elle ne connaît pas ma position et me croit domestique dans une maison bourgeoise.

Les nombreux abonnés de la *Revue des Deux Mondes* ont lu avec intérêt, les belles et curieuses études sur « le combat contre le vice à Paris ». Au milieu de ces pages instructives, M. le comte d'Haussonville, en observateur fidèle, a raconté le fait suivant : « Un soir que j'accompagnais, aux environs de la barrière d'Italie, une ronde de police, nous trouvâmes dans une maison soumise à la surveillance une petite fille de cinq ans. Ce fait, monstrueux en lui-même, étant, de plus, contraire aux règlements formels sur la matière, la maîtresse du logis fut sommée de fournir des explications. Voici comment elle s'excusa :

L'enfant était fille d'un ouvrier de la rue voisine. La mère étant morte et le père chargé de famille, elle avait adopté cette petite qu'elle élevait dans cet ignoble milieu et qui était l'enfant gâtée de la maison. L'affaire n'en resta pas là. Quelques personnes charitables, informées de cette situation, voulurent recueillir l'enfant. Mais il fut impossible de l'obtenir. Le père véritable ne voulait pas intervenir et la mère adoptive (s'il est permis de profaner ce nom !) ne voulait pas la rendre. Tout ce qu'on put obtenir fut la promesse qu'on la ferait élever ailleurs. Je gage qu'elle l'aura placée dans une maison religieuse ; car lui ayant demandé moi-même comment cet attachement si passionné avait pris naissance, elle me répondit : « Je suis sa marraine ; c'est moi qui l'ai tenue au baptême ». (1)

Personnellement, je suis intervenu ; et comme il est interdit aux filles et aux maîtresses de maisons de conserver chez elles des enfants ayant dépassé l'âge de quatre ans, l'administration fit fermer la tolérance jusqu'au placement définitif de la petite fille.

(1) *Revue des Deux-Mondes,* numéro du 1er janvier 1887.

La Préfecture de police autorise gratuitement les ouvertures de maisons de tolérance sans s'occuper des vendeurs et des acheteurs. Les endroits autorisés pour favoriser la prostitution ne sont pas, du reste, reconnus par les tribunaux, et, en cas de différends entre les parties, les juges déclarent l'incompétence, en se basant sur ceci : qu'une vente et un achat de ce genre sont un « acte illicite ». Pour remédier à cet inconvénient, les traficants de ces maisons ont le soin de ne céder soi-disant que le *matériel* garnissant l'immeuble, et passent ainsi des actes enregistrés; dans ces conditions, les billets souscrits restant impayés peuvent être protestés et passibles de poursuites contre les signataires, comme s'il s'agissait de la vente d'un fonds de commerce ordinaire.

Au sujet de la succession vacante d'une des plus anciennes maisons de tolérance, des bruits malveillants avaient couru sur le personnel de la Préfecture de police. J'ai voulu voir et entendre propriétaires, commerçants, agents d'affaires, et voici le résultat de mon enquête sur cet étrange négoce de la débauche publique :

A Menton, hôtel des Orangers, la titulaire de cette maison venait de mourir : ce décès avait mis en émoi un grand nombre d'individus vivant dans le monde de la haute prostitution ou ayant des accointances par leur commerce et autres intérêts avec cette tenancière. On se préoccupait beaucoup de la personne appelée à remplacer cette fille. Les candidats nombreux, et, plus nombreux les protecteurs, s'étaient mis en campagne dans le but de faire réussir tel ou tel concurrent.

Des personnalités dépourvues de scrupules prétendaient se trouver au mieux avec de hauts fonctionnaires de l'administration et promettaient au candidat de leur choix un succès complet, si celui-ci leur remettait une certaine somme d'argent qu'ils devaient offrir discrètement aux agents susceptibles de faciliter l'obtention de la pièce nécessaire à l'exercice de la tolérance. D'autres insinuaient qu'un objet d'art porté au domicile privé du chef de bureau pouvait applanir bien des difficultés. Plusieurs avaient reçu des fonds devant servir à payer de copieux repas aux petits employés en vue de les rendre favorables au postulant. Tous exploitaient ainsi leurs protégés qui croyaient naïvement par ce moyen réaliser leurs désirs.

Ces protecteurs de circonstance n'étaient ni autorisés ni encouragés à se comporter de la sorte, et ce qu'ils soutiraient aux concurrents devenait leur propriété.

Des commerçants, créanciers pour de grosses sommes, ne craignirent pas d'affirmer à ces mêmes concurrents qu'ils étaient disposés à intercéder en leur faveur, auprès d'autorités puissantes, s'ils prenaient l'engagement de les rembourser en totalité. Ces commerçants poussèrent encore plus loin le cynisme. A la suite du décès de la tenancière, ils se présentèrent à la maison de tolérance gérée provisoirement par une sous-maîtresse et demandèrent, sur un ton impératif, à être mis en possession des recettes quotidiennes. Chaque jour, en effet, ils se rendaient, d'un commun accord, dans l'établissement, afin de se partager le produit de la prostitution de la veille et de la nuit précédente. On voyait là des tapissiers, des joailliers, des marchands de comestibles et de vins fins, mêlés aux couturières, aux lingères et aux modistes.

Ces créanciers, à de rares exceptions, étaient très peu intéressants et leurs mémoires méritaient certainement un sérieux contrôle. Le bijoutier présentait une facture montant à près de cent mille francs, et le marchand de vins sur la sienne notait un total de vingt-cinq mille francs. Les agents d'affaires, avec leurs longs mémoires, exigeaient quarante mille francs, et des individus s'intitulant rentiers, et dont l'un d'eux était conseiller municipal, revendiquait la restitution de petites sommes variant de dix à trente mille francs.

Le mépris public marque au front les maîtresses de maisons et les proxénètes ; mais ce qu'on ignore, c'est l'hypocrite spéculation de ces gens notables, honorés, estimés, devenant de véritables tenanciers de maisons de tolérances, plus âpres au gain de la débauche, que ceux qui exercent habituellement cette profession, nécessaire peut-être, mais profondément immorale.

Je fus obligé d'intervenir, pour faire cesser le scandale, et la sous-maîtresse remit à un avoué les comptes de sa gestion, en attendant que la Préfecture de police pût statuer sur la situation. Les comptes, du reste, paraissaient tenus régulièrement. La maison était pourvue d'une caissière, qui alternait avec la gérante. La première faisait le service de jour et la seconde celui de la nuit.

La maîtresse de maison de tolérance, décédée à la suite d'orgies de toute nature, possédait une fille reconnue et encore en nourrice. Par testament, elle avait légué au père de son enfant et pour l'entretien de celui-ci le mobilier et le droit au bail de dix-huit années, le tout représentant une valeur de cent cinquante mille francs, mais, si ce legs peut sembler beau, il n'était pas mention au testament d'une dette de trois cent mille francs.

La location officielle de l'immeuble n'était pas excessive, et, comme apparence, le propriétaire ne pouvait être classé dans la catégorie des exploiteurs ; cependant, chaque année, à l'approche du premier janvier, il encaissait, en dehors du loyer, une vingtaine de mille francs, « ses petites étrennes, » comme il se plaisait à le raconter aux intimes. On lui prêtait l'intention de présenter une de ses parentes pour la continuation de l'exercice de la tolérance. Ses intérêts, de cette façon, ne pouvaient en souffrir, car il savait que les chambres de passes meublées avec luxe ne rapportaient pas moins de deux cent cinquante mille francs par année. La clientèle, composée exclusivement de gens riches et de *personnages sérieux*, n'avait jamais varié, et la maison était réputée comme une des plus tranquilles de Paris.

Il était facile de s'expliquer les compétitions et les désirs que faisaient naître chez un grand nombre d'individus l'appât d'une semblable tolérance.

A l'étranger comme dans les villes de province, les autorités locales acceptent les hommes en qualité de tenanciers, cela n'existe pas à Paris, et si la Préfecture de police s'occupait, cette fois, de la succession vacante, son but était louable, puisqu'il s'agissait de sauvegarder les intérêts de l'enfant mineure.

Au milieu de ce monde agité gravitaient des agents d'affaires spéciaux, retords, louches, toujours à l'affût des ventes et gestions d'établissements immoraux. Ces sujets, intéressants à observer, prêtent les mains à tous les *tripotages* moyennant des honoraires arrêtés d'avance, et ils deviennent *l'âme* des maisons publiques. Les tenancières les connaissent, les craignent, et cependant elles ont recours à eux dans toutes les conjonctures scabreuses.

C'est toujours l'administration qui fixe le prix d'achat d'une maison. En apparence, ce prix est accepté par le vendeur et l'acquéreur, mais il existe entre ceux-ci une convention secrète, et la tolérance est généralement vendue cinq ou six fois plus chère que ne l'autorise la police. L'excédent du prix officiel convenu se solde par des sommes données au comptant ou par des billets à ordre.

Les hommes véreux traitent et concluent d'abord l'affaire dans les conditions précitées et démontrent ensuite à l'acquéreur que la maison lui a été vendue à un taux trop élévé et que, sur la remise de tant du cent, ils se chargeront d'obtenir une semblable réduction de la part du vendeur, encore possesseur des billets souscrits. S'adressant alors à ce dernier, ils lui présentent que les billets étant signés par la femme, seule en nom dans l'acte, ne sont pas valables lorsqu'elle est en puissance de mari, et qu'il n'est guère possible de plaider pour des trafics de cette nature, mais si on veut leur confier les billets, ils pourront s'arranger à en faire solder une partie, et c'est ainsi qu'ils obtiennent de l'argent d'un côté comme de l'autre.

Ce développement m'a paru nécessaire pour donner une appréciation exacte des manœuvres de ces agents d'affaires, qui ne cessaient de harceler la sous-maîtresse de la tolérance dont la titulaire était morte.

Abandonnant à eux-mêmes cette tourbe de concurrents avec leurs protégés, la Préfecture de police n'avait, comme je l'ai déjà dit, qu'à se préoccuper de deux points :

1° Les intérêts de la mineure représentés par le droit au bail et le mobilier de la maison ;

2° La continuation de l'exercice de la tolérance

Cette mineure était assurée pour une somme de trente mille francs, qu'elle devait toucher à sa majorité ; mais il y avait encore là un sujet de crainte. La Compagnie pouvait trouver le moyen d'éluder le paiement de cette somme, attendu que la mère avait pris la qualité de rentière, et que toute fausse énonciation dans une assurance entraîne la nullité du contrat.

A la fin de mon enquête, j'ai conclu au maintien de l'ouverture de la maison sans désigner aucune titulaire, d'autant plus que la gérante provisoire connaissait mieux que personne toutes les affaires relatives à son exploitation.

Six mois après, elle adressait à l'Administion la demande définitive du livre de police en s'engageant à solder les frais, à désintéresser les créanciers, à déposer une somme relative à la situation et, pour l'avenir de l'enfant mineure enfin, à obtenir du légataire universel, père de l'enfant, la cession du matériel et du droit au bail.

Si ce genre de maison trouve toujours du crédit pour s'alimenter, les tolérances de second ordre ne réalisent que des bénéfices insignifiants, et celles plus inférieures encore se ferment à la suite de faillites.

LIBERTÉ, TOLÉRANCE, REPRESSION

Dans cette monographie de la prostitution, j'ai, Monsieur le Préfet, dépeint les endroits où j'avais vu, entendu, tout ce gibier de Saint-Lazare. J'ai atténué les horreurs de certains tableaux. Il en reste suffisamment pour permettre de juger le mal, si profond que l'œuvre de la police ne peut plus l'arrêter, encore moins le détruire.

Ce travail documentaire démontre aussi que la répression, en matière de débauche, est devenue illusoire. Les agents se heurtent à d'incessantes difficultés, et il faudra certainement adopter de nouvelles dispositions, si l'on veut que l'*immoralité réglementée* vive encore. Son organisation semble aujourd'hui surannée, dangereuse, inutile, coûteuse, et l'impuissance de l'autorité, au point de vue de la morale et de la salubrité publiques, est un fait matériel ; elle n'a plus aucune action efficace sur les filles. Les passages, les squares, les jardins restent interdits à la police et les agents ne doivent pas pénétrer chez les cabaretiers et chez les logeurs, connus pour favoriser habituellement la prostitution, sans la présence d'un magistrat de l'ordre judiciaire. Les prostituées parlent comme les citoyens, de liberté individuelle, de violation de domicile, et ne consentent à suivre les inspecteurs que sur la vue d'un mandat d'amener. Lorsque sur un ordre impératif, il s'agit d'entrer dans le domicile des filles se livrant aux racolages par les fenêtres, il ne reste plus d'autre moyen que celui d'en briser la porte. J'ai voulu le prouver, en racontant les faits et gestes de cette femme de la rue de la Victoire. La force publique l'ayant saisie et mise dans l'engrenage administratif, elle en est sortie plus indépendante que jamais, après avoir traversé les nombreux rouages qui le font mouvoir. Les emplacements défendus aux racoleuses sont justement ceux où elles se réunissent, et elles ne respectent pas plus les marches des églises, que le trottoir faisant face aux entrées des écoles laïques. Les poursuites contre les proxénètes se ralentissent, et cependant leur nombre va toujours en augmentant.

En 1855 on comptait 84 condamnations.
— 1860   —   60   —
— 1865   —   64   —
— 1875   —   29   —
— 1880   —   17   —
— 1885   —   8   —

La maîtresse de tolérance, pour se soustraire
à une hiérarchie policière trop compressive,
métamorphose sa maison en brasserie à femmes,
cabaret ou garni. Si son ancien établissement
à la plus légère infraction était fermé, sa nouvelle industrie fonctionne librement, et les servantes remplaçant les filles ne subissent aucun
examen sanitaire. La mère et la fille ne pouvaient se prostituer ensemble dans une maison
tolérée, cela est possible chez les tenancières de
brasseries qui, à leur tour, non contentes d'exploiter les prostituées, reçoivent ouvertement
les mineurs des deux sexes. La prostitution
monte, monte sans cesse, atteint des proportions considérables ; elle épouvante les célébrités médicales qui voient s'aggraver et s'accroître les maladies vénériennes, dont certaines
variétés disparues de France depuis près d'un
siècle, reviennent terriblement menaçantes pour
la santé publique. Tout cela tient à ce que la
débauche s'exerce partout avec licence. Filles
soumises, insoumises, suivent le même mouvement de résistance, elles se moquent de la
réglementation et c'est sur les instances des
agents du service des mœurs qu'elles viennent
maintenant à leurs visites. Ces mêmes agents,
en conflit perpétuel avec les prostituées, hési-
tent à sévir, ayant conscience de leur intervention arbitraire qui repose sur des règlements
modifiés selon le temps, la saison, le jour et la
volonté des chefs qui les dirigent. Une raison
sérieuse s'ajoute encore au peu de zèle qu'ils
déploient. Les filles de débauche mises en état

d'arrestation sur des points interdits, étant
de suite relaxées, se promènent le lendemain aux
mêmes endroits et narguent les Inspecteurs, afin
de leur bien faire comprendre le peu de respect
qu'ils leur inspirent. L'inégalité des punitions
est des plus criantes. Qu'on en juge : Une fille
soumise et une insoumise sont arrêtées pour le
même motif et à la même heure. Qu'arrive-t-il ?
La fille soumise sera punie de huit à dix jours
de prison, tandis que l'insoumise obtiendra sa
liberté. Une prostituée surprise à sa fenêtre est
frappée de vingt-quatre heures de détention ;
une autre ramassée sur la voie publique séjour-
nera six jours à Saint-Lazare.

Il y a, je le sais, la Commission où elles
peuvent adresser leurs réclamations. Quel est
son rôle ? Si on diminue la peine, c'est un blâme
infligé au chef de bureau administratif ; si on
la maintient, elle devient inutile, et si on
l'augmente, elle cesse d'être une garantie pour
les filles. En résumé, on restreint le nombre de
ces dernières par des punitions trop fortes et
trop réitérées.

Les prostituées *rigolent*, comme elles disent,
à cette commission. Les unes, comme remer-
cîments, s'appliquent leur pouce sur le nez
et agitent les doigts tout en lançant quelque
grosse ordure, les autres lèvent leurs jupes
bien haut pour mieux faire la révérence au
président.

Souvent on y fait comparaître les agents,
et des surprises se produisent : celle-ci,
par exemple. Les filles soumises ne doivent

pas racoler sur la voie publique en taille, en
cheveux ou dans des toilettes de nature à se
faire remarquer. Très peu se conforment à ces
prescriptions et recherchent les costumes excentriques pour mieux se disputer les hommes.
Ces tenues par trop affichantes motivent l'arrestation. Sachant, par expérience, qu'elles
seront sévèrement punies, elles dressent leur
bonne ou une camarade à les tirer d'embarras.
On apporte au Dépôt de modestes effets et
elles les endossent à la place de ceux qui
sont par trop tapageurs. Alors le président
et les membres de la commission s'étonnent
de les voir ainsi vêtues, contrairement à ce qui
est mentionné sur l'ordre de consigne. Les
agents confus balbutient aux demandes posées
par le président, ils ne comprennent rien à cette
transformation, et reçoivent un blâme pour
n'avoir pas eu l'intelligence de discerner le
véritable caractère des toilettes.

Je disais : « Les filles soumises venant contraintes et forcées à leurs visites demi-men-
suelles reconnaissent qu'elles ont intérêt à
mettre de côté les formalités de l'administration, puisque, par le seul fait de leur inscription, elles sont, à fautes égales, plus sévèrement punies que leurs congénères. » En effet,
tout est privilège et avantage pour l'insoumise,
et elles le reconnaissent si bien, que la plupart tendent à s'affranchir. Elles cessent alors
de remplir les servitudes sanitaires, se cachent
et rentrent, au moins pour la moitié, dans la
catégorie des *filles soumises disparues*. Cette

dénomination est d'autant plus erronée que les prostituées, après trois mois de disparition, perdent la qualité de *filles soumises* pour prendre celle d'insoumises ; en cas de nouvelles arrestations sur la voie publique ou ailleurs, elles doivent être conduites en présence d'un magistrat. Si l'inscription est difficile, ce qui est loin d'être prouvé, la radiation est, dit-on, facile ; mais encore, en droit, faut-il le mariage ou la tenue d'une maison publique, et en fait une enquête favorable avec certificats de travail honnête à l'appui. N'est-il pas étrange de voir le mariage figurer sur la même ligne qu'une maison publique et donner les mêmes droits, enlever les mêmes charges, réhabiliter, en un mot, une femme ! Etre mariée ou maîtresse de tolérance, voilà le pinacle de la fille soumise. Alors elle recouvre sa liberté, presque sa considération sociale. D'ailleurs, il faut ajouter que si les filles soumises perdent de leur vogue, c'est au peu de confiance qu'inspirent les examens du dispensaire préfectoral qu'on peut l'attribuer. Sans doute l'exécution manque de minutie et laisse souvent à désirer.

Voici, à ce sujet, la lettre d'une victime de cette négligence :

« Monsieur le chef,

» Le 15 de chaque mois, je me promène quai de l'Horloge, où j'attends à la sortie du bureau médical une fille soumise à ma convenance. Je vois le *visa officiel* posé sur sa carte et je me rends à son domicile, certain de ne courir aucun risque. Mon erreur est grossière, car les visites ne suppriment pas la maladie et ne garantissent personne, et les partisans de la prostitution libre s'appuient sur cet argument pour défendre leur système. Je vous signale, en conséquence, le médecin qui a visité la fille J..., rue du ..., n° ... Il est myope ou bien c'est un âne.

» B...,

» Place du ..., n° ... »

On comprend la fureur de ce réclamant trompé dans son plan amoureux, après avoir abrité son union passagère sous la garantie des autorités médicales et administratives. Ce que le médecin avait diagnostiqué bon, était affreusement mauvais, la fille amenée au dispensaire en a fourni la preuve. Le docteur, pour excuse, déclara avoir ce jour-là opéré plus de quarante visites à l'heure et que ces visites ne pouvaient être faites que sommairement.

Lorsque les filles ont des doutes sur leur santé, elles emploient toutes sortes de ruses pour ne pas venir à leurs visites. Moyennant une somme d'argent, elles passent leur carte à des amies et celles-ci se font examiner au lieu et place des titulaires. Il résulte de cette substitution de personne qu'une fille soumise peut se trouver atteinte d'une maladie syphilitique grave bien que sa carte porte le *visa* du dispen-

25.

saire constatant qu'elle a été visitée la veille.
Cette fraude est rarement découverte, attendu
qu'elle se pratique par les filles isolées, ayant
une certaine aisance, et qui habitent les grands
quartiers. Elles font leur commerce avec réserve, une clientèle d'hommes vient les voir à
domicile, et cette raison ne les oblige pas à
faire trottoir. N'étant jamais arrêtées, elles sont
peu connues et c'est ce qui explique pourquoi
elles peuvent aisément se substituer les unes
aux autres. Celles qui trompent ainsi l'Administration savent qu'à la fin de chaque quinzaine, il y a au bureau médical agglomération
de filles, ce dont elles profitent pour mieux atteindre leur but. Malgré cela la sûreté publique
a tout à redouter de la prostitution clandestine
et beaucoup moins à craindre de celle qui est
officielle.

On estime annuellement à plus de quinze
mille les enfants mort-nés du fait de la syphilis
des parents. N'est-ce pas là le véritable fléau de
la dépopulation en France qu'il faut arrêter dans
sa marche ascensionnelle ? Mais l'Autorité affai-
blie, découragée, n'ose plus engager sa responsabilité ; elle se dérobe, la peur l'envahit en
haut comme en bas, et de nos jours mieux vaut
être braconnier que gendarme et souteneur
qu'agent des mœurs.

La police paraît vivre à la petite semaine,
comme les ministres. C'est pour cela qu'elle a
des soubresauts d'intervention qui amusent
quelquefois le public et les filles par un sauve-
qui-peut général amenant la tranquillité pour le

lendemain. Je veux parler de la méthode des *razzias,* dont elle se sert à tort et à travers. A tort, parce que le chef actuel de la police municipale punit, révoque l'agent qui procède à l'arrestation d'une fille insoumise isolée en dehors des conditions réglementaires ; et *lui-même,* sous prétexte d'*épuration,* ordonne des rafles absolument irrégulières et anti-humaines. A travers, parce qu'au lieu de ne saisir que les filles débauchées, on met brutale-ment la main sur d'honnêtes femmes. C'est là la chasse, la battue ramenant le gibier en gros à la suite de scènes scandaleuses et regrettables. Je ne veux citer aucun exemple, mais les fautes commises devraient incomber non aux inter-médiaires, forcément obéissants, mais à celui qui impose une aussi répugnante besogne. On ne fait, du reste, que déplacer le mal sans apporter le remède ; et les administrateurs im-provisés, soucieux de leur popularité évitent les razzias sur les grands boulevards à cause des dangers qu'elles amènent, et ce sont les filles pauvres, besoigneuses, habitant les quartiers excentriques, qui peuplent constamment la prison de Saint-Lazare. Avec celles-là, les réclamations deviennent inutiles, leurs protec-teurs ne représentant aucune surface.

Qu'on y prenne garde, l'opinion publique a de grandes faiblesses et de terribles réactions ; elle paraît vouloir ne plus supporter aucun acte arbitraire, elle réclame la suppression des abus et leur remplacement par des réformes simples rationnelles, faciles et justes. Parmi ces réformes, figure la suppression de l'usage abusif de règlements concernant la débauche, reconnus incomplets, impraticables, puisqu'ils sont toujours en contradiction avec les ordres verbaux. On est écœuré de voir la police passer son temps à combattre ce qu'elle autorise, et le public a peine à comprendre qu'elle défende à droite ce qui est permis à gauche.

Que d'hommes d'Etat, jurisconsultes, moralistes, philosophes, économistes, administrateurs, médecins, ont cherché sans succès les moyens de combattre la prostitution ! On pourrait former une bibliothèque avec la collection des livres, brochures, publications, fascicules, rapports, parus sur cette éternelle et vivante question à laquelle s'intéresse également la Presse grande et petite, car il n'existe pas un journaliste qui ne lui ait consacré quelques pages.

Le résultat de ces collaborations disparates n'a jamais pu jusqu'ici fournir un travail homogène, pratique, apportant la solution du grand problème social encore à trouver. Pendant ce temps la débauche, avec ses dangers pour la santé publique, augmente en proportion des volumes écrits par ses adversaires et ses partisans.

Les défenseurs acharnés des racoleuses veulent, en vertu des grands principes qu'ils invoquent à chaque instant comme une panacée, la liberté sans limite, c'est-à-dire l'indifférence du gouvernement à l'égard de la prostitution. Pour eux, l'homme et la femme étant libres de disposer de leur corps, se prostituer ne constitue

pas un délit. Chaque fille aurait le droit de faire
de la débauche sans formalités préalables. Ces
réformateurs ont oublié de dire si, sous ce
règne honteux de la femelle, l'empoisonnement
ne deviendra pas général. Tout arrive aujour-
d'hui, et l'avenir nous réserve peut-être cette
entière liberté du vice doublé par l'indépendance de la crapule, œuvre de négation morale
et religieuse.

Les adversaires obstinés des racoleuses exigent à leur tour, au nom de la santé publique,
une réglementation encore plus sévère, afin
d'arriver à supprimer les excès et les scandales
de la prostitution clandestine. Pour eux, l'ennemi est là et non dans la prostitution réglementée, puisqu'il est établi médicalement que
sur cent insoumises arrêtées plus des deux tiers
sont des mineures reconnues malsaines, et que,
sur le même nombre de soumises, il n'y en a
pas dix de contaminées.

La majorité des malades en traitement à l'hôpital du Midi sont des victimes de la prostitution
libre.

Dans les avis donnés au pouvoir administratif, chacun propose sa solution. Des signataires
expriment le désir de conserver, d'étendre les
maisons de tolérance, tandis que d'autres demandent leur fermeture immédiate, la police ne
devant plus se rendre la complice de l'immoralité en favorisant de pareilles industries.

Dans une brochure imprimée en 1878, je
relève cette idée, émanant d'un cerveau égali-
taire, qui propose comme remède la conscrip-

tion pour les femmes. Les mauvais numéros (pairs ou impairs) serviraient d'instruments de plaisir aux riches et aux pauvres.

A Paris, depuis 1884, le Conseil municipal refuse de voter le budget de la Préfecture de police, son intention est de maintenir ce vote tant que l'organisation actuelle du service des mœurs subsistera. Il exige sa suppression, considérant que la prostitution n'est ni un crime, ni un délit, non plus que la syphilis. Au cours des discussions, certains conseillers, voulant établir le peu de valeur de ce service, se sont emparés des filles soumises rencontrées malades, pour accabler de reproches le Préfet de police. Celui-ci a riposté en établissant, à son tour, que les filles insoumises créaient un danger public, permanent, par l'empoisonnement qu'elles disséminent dans la population.

Pendant cette lutte vive, incessante, des défenseurs de la prostitution réglementée et des partisans du système de la prostitution libre, l'Académie de médecine, au milieu de ce joli gâchis, semble prendre le rôle de grand conseil de la santé publique, tout en restant sur son terrain, celui de l'hygiène sociale. Sans esprit de parti, elle comprend sa mission et mêle les sciences médicales aux travaux des législateurs. Son initiative aussi sage qu'utile et légitime, a déjà servi à la préparation des grandes lois organiques, comme celle de l'*instruction publique*, de *l'armée*, de *la protection des enfants en bas âge*, de *l'alcoolisme*, ce fléau de l'espèce humaine. Elle vient de terminer ses

discussions sur la *fièvre typhoïde,* les *égouts,*
l'*assainissement* de Paris et de son fleuve, et on
doit reconnaître qu'au moins chez elle; il
n'existe pas de médiocrités. Tous ces honorables
membres, après avoir analysé le mal, ont démontré avec conviction et talent, le péril. Consultés sur la grande question de la syphilis, ils
ont consacré de nombreuses séances à l'étude
des problèmes aussi multiples que variés composant le pénible sujet de la prostitution. La
discussion sur la prophylaxie de la syphilis a été
supérieurement conduite par M. Alfred Fournier, l'un des membres les plus éminents de
l'Académie. La commission composée de
MM. Bergeron, Le Roy de Méricourt, Léon
Le Fort, Léon Colin, avait pour président
M. Ricord, le maître parmi les maîtres en pareille matière. Son élève, M. A. Fournier, a
rédigé le rapport au nom de ladite commission.
A sa science profonde, reconnue, respectée de
toute l'Europe, M. Fournier joint des qualités de
vrai philosophe, d'homme délicat, rempli de tact,
de douceur et d'indulgente pitié dans ses relations avec les malades. Personne n'a plus complètement étudié que lui, la syphilis, d'abord à
l'hôpital de Lourcine, où il a introduit d'excellentes et pratiques réformes, puis ensuite à
Saint-Louis.

L'Académie de médecine, après avoir entendu
les remarquables discours et les observations de
MM. Laborde, Brouardel, Léon Le Fort, Gavar-
ret, Proust, Légouest, Dujardin-Beaumetz, Lar-
rey, Trélat, Th. Roussel, Hardy, Féréol, Vidal,

Gustave Lagneau, Jules Rochard, Worms, a confirmé les conclusions de son savant rapporteur.

Ces hommes compétents ont, soit dans l'armée comme M. Colin, soit dans la marine comme M. Le Roy de Méricourt, soit dans les hôpitaux comme M. Ricord, observé toutes les classes de la société ; n'ayant pas la puissance de faire des lois, ils peuvent par des conseils techniques, et sans sortir de leurs attributions, en indiquer le caractère et l'esprit aux législateurs.

Dans sa séance du 3 avril 1888, l'Académie a émis les vœux suivants relatifs à la prophylaxie publique de la syphilis. Je reproduis ce document en raison de son importance et de sa valeur.

« I. — L'Académie appelle l'attention de l'autorité sur les développements qu'a pris la provocation sur la voie publique, dans ces dernières années notamment, et en réclame une répression énergique.

» II. — Elle estime qu'il y a nécessité manifeste d'assimiler à cette provocation de la rue divers modes non moins dangereux qu'a revêtus, surtout de nos jours, la provocation publique, à savoir : celle des boutiques ; — celle des brasseries dites à « femmes » ; — et, plus particulièrement encore, celle des débits de vins.

» III. — Elle signale à l'autorité d'une façon

non moins spéciale la provocation qui rayonne autour des lycées, des collèges, et qui a pour résultat l'excitation des mineurs à la débauche.

» IV. — Ces divers ordres de provocation ayant pour conséquence la dissémination des maladies syphilitiques, l'Académie réclame des pouvoirs publics une loi de police sanitaire réglant et fortifiant l'intervention administrative, en particulier à l'égard des mineures, et permettant d'atteindre la provocation partout où elle se produit.

» V. — La sauvegarde de la santé publique exige que les filles se livrant à la prostitution soient soumises à l'inscription et aux visites sanitaires.

» VI. — Si l'inscription n'est pas consentie par la fille à qui l'Administration l'impose, elle ne pourra être prononcée que par l'autorité judiciaire.

» VII. — Toute fille qui sera reconnue, après examen médical, affectée d'une maladie vénérienne, sera internée dans un asile sanitaire spécial.

» VIII. — Les filles inscrites seront soumises à une visite hebdomadaire, visite complète et de date fixe.

HOSPITALISATION, TRAITEMENT.

» IX. — Le nombre de lits affectés au traitement des maladies vénériennes est actuellement d'une insuffisance notoire. Il sera augmenté dans la proportion reconnue nécessaire par une enquête ouverte à ce sujet.

» X. — Cette augmentation du nombre des lits affectés aux vénériens et aux vénériennes se fera, non pas par la création de services spéciaux dans les hôpitaux généraux, mais bien par la création de nouveaux hôpitaux spéciaux.

» XI. — Les médicaments propres au traitement des maladies vénériennes seront délivrés gratuitement dans tous les hôpitaux, hôpitaux spéciaux ou hôpitaux généraux.

» XII. — Un service de consultations gratuites, avec délivrance gratuite de médicaments, sera annexé à l'asile sanitaire spécial destiné au traitement des prostituées vénériennes.

» XIII. — Dans toute ville de province, tout au moins dans chaque chef-lieu de département, il sera créé un service spécial pour le traitement des affections vénériennes ; et les locaux affectés à ce dit service seront aménagés suivant toutes les règles de l'hygiène.

RÉFORMES DANS L'ENSEIGNEMENT

» XIV. — Ouvrir librement tous les services de vénériens ou de vénériennes (y compris ceux de Saint-Lazare) à tout étudiant en médecine justifiant de seize inscriptions.

» XV. — Il est désirable qu'on exige de tout aspirant au doctorat, avant le dépôt de sa thèse, un certificat de stage dans un service de vénériens ou de vénériennes.

» XVI. — Attribuer au concours, et au concours exclusivement, le recrutement de tout le personnel médical chargé du traitement des vénériennes à Saint-Lazare (ou dans l'asile hospitalier qui sera substitué à Saint-Lazare).

» XVII. — Attribuer au concours, et au concours exclusivement, le recrutement du personnel médical chargé de la surveillance des filles inscrites au dispensaire de salubrité publique.

» XVIII. — Les membres des divers concours dont il vient d'être question seront choisis parmi les membres des corps scientifiques suivants : les membres de l'Académie de médecine, les professeurs et agrégés de la Faculté de médecine, les médecins, les chirurgiens et accoucheurs des hôpitaux, les médecins titulaires de Saint-Lazare. Le jury sera nommé par le Préfet de police, sur la présentation du doyen de la Faculté de médecine.

SYPHILIS DANS L'ARMÉE ET DANS LA MARINE

» XIX. — Assurer la rigoureuse exécution des règlements militaires, notamment en ce qui concerne les visites de santé, la recherche des foyers de contagion, l'abandon de toute mesure disciplinaire à l'égard des soldats affectés de maladies vénériennes.

» XX. — S'efforcer de combattre les progrès incessants de la prostitution clandestine, d'une part en éclairant les soldats sur les dangers de cette prostitution spéciale, et, d'autre part, en réclamant le concours des autorités civiles pour l'assainissement de certains foyers de contamination, soit dans les villes (débits de vins), soit aux alentours des camps.

» XXI. — Assurer aux soldats syphilitiques, dont le traitement a été commencé à l'hôpital, la possibilité de continuer à leur corps, et sous la direction des médecins de leur régiment, le traitement ultérieur nécessaire à leur guérison.

» XXII. — En ce qui concerne la marine, il est à désirer qu'à bord des bâtiments de guerre une visite médicale de l'équipage soit faite avant l'arrivée dans chaque port, afin d'interdire la communication avec la terre des hommes qui seraient contaminés, toutes les fois que la durée de la traversée rendra cette mesure nécessaire.

» XXIII. — Il est absolument essentiel que, dans toutes les villes du littoral, notamment dans les grands ports de guerre ou de commerce, un service régulier et rigoureux soit institué pour la surveillance et la visite médicale des prostituées, en vue de prévenir les contaminations que contractent si fréquemment les marins dans les ports de relâche ou de débarquement, et que les filles reconnues malades soient traitées à l'hôpital jusqu'à guérison complète des accidents transmissibles. »

La question paraît jugée devant et par ses vrais juges n'ayant pas, pour penser, répondre, voter, la nécessité de plaire à des électeurs. Cette indépendance ne leur a pas permis, comme au conseil municipal parisien, de jouer avec un sujet qu'eux seuls connaissent bien à fond. Justement émus de l'effroyable mortalité qui sévit sur les enfants hérédo-syphilitiques, ils ont entrepris cette sérieuse enquête, car il s'agissait de la santé, de la vie même de la race, cette première richesse de tous les pays. On ne peut donc que les féliciter et pour mon compte personnel je le fais ici de grand cœur.

Quand nos futurs législateurs se feront communiquer les arrêtés municipaux des villes de France, ils apprécieront la diversité de la réglementation sur la débauche. Pas un règlement ne ressemble à l'autre, tous sont arbitraires et amènent entre les pouvoirs administratifs et judiciaires une source de conflits, surtout lorsqu'il s'agit des inscriptions de filles ou de leurs visites médicales. Ces dissentiments ne sont pas nouveaux, ils naissent de la pratique suivie en matière de répression qui n'ayant jamais été un droit positif, reste accepté comme une illégalité reconnue nécessaire.

Le premier règlement remonte à l'an 800. Par un capitulaire, Charlemagne prononça la peine du fouet contre les prostituées.

En pleine révolution, le 4 août 1791, une veuve Desbleds est condamnée à être exposée place du Palais-Royal, à califourchon, sur un âne, la face tournée vers la queue, ayant sur la tête un chapeau de paille avec écriteau devant et derrière, portant ces mots : *Corruptrice de la jeunesse.*

Fouettée nue, marquée, elle fut conduite pour

trois ans à la maison de force de la Salpêtrière.

De nos jours, on se contente d'un examen médical, et, encore, que de récriminations pour cette soi-disant mesure vexatoire et indigne d'un peuple libre !

Le nombre des capitulaires, statuts, édits, lettres patentes, décisions, arrêts, ordonnances, circulaires est incalculable, et cette longue suite de règlements qui s'est succédé à travers les siècles n'a plus qu'un intérêt historique et aucun d'eux n'a jusqu'ici sauvegardé les mœurs ni la santé publique. Tout le mal réside dans les vices de la réglementation qui n'a rien consacré de spécial, de bien déterminé ; et grâce à l'impérissable routine, paralysant tous les efforts individuels, on applique encore aux femmes de mauvaise vie l'ordonnance du 6 novembre 1778. En remontant si haut l'autorité s'affaiblit. On fait de nouvelles lois sans jamais détruire les anciennes et on n'abroge que les articles par trop en contradiction avec les prétendus perfectionnements introduits dans la législation.

Chaque préfet de police, et en voilà une jolie collection depuis 1871 (13), apporte sa fantaisie, basée principalement sur l'opinion publique ayant cours au moment de son arrivée. Il constate néanmoins que la prostitution est un désordre à part, qui exige des moyens de police tout à fait exceptionnels. Il faut avoir l'air de s'en occuper, on rapporte alors une circulaire du prédécesseur pour motiver l'occasion d'en rédiger une nouvelle, et c'est ainsi qu'on laisse trace de son court passage dans cette première et si importante magistrature parisienne.

Tous les préfets ont été unanimes pour reconnaître que l'institution de la police des mœurs, par son fonctionnement ancien et actuel était une violation arbitraire du droit, ne profitant ni à la morale ni à la salubrité, mais aucun d'eux n'a osé publiquement désavouer cette juridiction administrative, sommaire, à huis clos, inique, et unique sous un régime légal. Le fait de punir les infractions aux règlements spéciaux, quoique fondé sur de longs usages, appartient seul au pouvoir judiciaire.

Les enquêtes, rapports, renseignements fournis sur toutes les illégalités commises dorment paisiblement à côté des capitulaires de Charlemagne.

J'ai déjà dit qu'il n'était pas plus possible de laisser la répression de la débauche vénale dans l'état où elle se trouve, que de la rendre libre. Tôt ou tard, par la force des choses, il faudra en venir à un débat public. Alors sortira une *loi sanitaire* générale faisant disparaître la diversité des ordonnances mises en pratique dans les villes de France. Cette loi, en interdisant le *racolage manifeste* aux fenêtres, sur la voie publique, devra sévir énergiquement contre les individus vivant du produit de la prostitution, ou la favorisant par instructions, promesses, dons ou menaces.

L'ivrogne incapable de se conduire est frappé d'une pénalité ; pourquoi l'homme et la femme

faisant de leur corps un marché ne le seraient-
ils pas, quand le scandale est public?

La débauche, considérée comme un délit,
mettrait fin au régime du *bon plaisir et au
droit à la prostitution.*

M. Léon Lefort, en terminant son remarquable discours à l'Académie de médecine, a
prononcé ce paroles :   .

« Je respecte la loi, je hais l'arbitraire. Pour
protéger la santé publique je demande une loi !
Pour protéger une femme qui peut être injus-
tement accusée, je demande des juges. »

Cette loi sanitaire, réclamée par tous les
honnêtes gens, devra augmenter la responsabilité des logeurs et débitants de boissons en matière d'excitation de mineurs des deux sexes à
la débauche, et les autorités, à Paris, comme en
province, n'enregistreront plus sur leurs contrôles aucune fille âgée de moins de vingt et un
ans, *quelle que soit sa situation.*

Je partage, au sujet des mineurs, les idées
que M. Th. Roussel développe dans son discours
si plein d'enseignements (1).

En voici la brillante péroraison :

« Je n'aurais pas mis à l'épreuve la patiente
attention de l'Académie si la discussion de mesures d'ordre législatif n'avait pas tenu une si
grande place dans nos dernières séances. J'ai
cru remplir un devoir en venant dire mon opi-

____

(1) Académie de médecine, séance du 13 mars 1838·

nion sur ce qui peut être utilement fait sur ce terrain. Il faut en finir avec l'inscription des mineures, par la main de la police, sur les registres de la prostitution ; il faut en finir aussi avec les arrestations et les condamnations des mineures pour vagabondage, mendicité ou autres délits plus ou moins bien définis. A ces pratiques de la police et des tribunaux, inconciliables avec une saine notion du progrès et de l'intérêt social, il faut substituer le sauvetage de ces malheureuses par l'intervention tutélaire du pouvoir public, par une assistance, une éducation et un apprentissage appropriés. C'est là le devoir des pouvoirs publics ; c'est l'œuvre d'hygiène sociale et de prophylaxie sur laquelle j'ai pris la liberté d'appeler l'attention de l'Académie. »

En attendant cette nouvelle loi, longue à venir, puisqu'il faudra l'intervention du Parlement, on pourrait ajouter à l'article 330 du Code pénal le paragraphe suivant :

La provocation à la débauche faite ouvertement aux fenêtres et sur la voie publique sera punie d'une amende de...

Cette modification, suffisante pour armer la justice, permettrait à la Préfecture de police de faire légalement disparaître les excès et les scandales de la prostitution publique, et l'on ne verrait plus les gardiens de la paix causer familièrement sur les boulevards et à l'angle des rues avec des filles plus insoumises que soumises.

Parmi nos législateurs républicains, il s'en trouve qui voient le péril à gauche, d'autres à droite. Mon avis est qu'il existe partout où règne la licence. Or, en notre pays, ce mot-là est trop proche de celui de liberté, pour qu'on ne les confonde pas souvent. La liberté, soit; mais la liberté comprise, la liberté du bien surtout. Celle des filles, des débitants de boissons ne mène à aucun progrès social, à aucun but honorable. Combien d'autres encore ne sont que des abus, souvent multiples de vices et de crimes? La débauche sans frein ne connaît plus de limite. Attendra-t-on qu'elle ait envahi toutes les classes de notre génération pour la mettre en quarantaine et lui assigner des barrières? J'ai grand'peur qu'alors le mal ne soit irrémédiable.

FIN

TABLE

—

F

G

BIBLIOTHÈQUE-CHARPENTIER

11, RUE DE GRENELLE, PARIS
à **3 fr. 50** le volume.

EXTRAIT DU CATALOGUE

ŒUVRES JUDICIAIRES ET DE PHYSIOLOGIE SOCIALE

DESMAZE
La Médecine légale. . . . . 1 vol.
Les Crimes et la Débauche à Paris. . . . . . . 1 vol.

MAXIME DU CAMP
L'Attentat Fieschi. . . . . 1 vol.

LÉON GAMBETTA
Discours et Plaidoyers choisis avec notice biographique par J. REINACH. . . . . 1 vol.

YVES GUYOT
La Police . . . . 1 vol.
La Prostitution. . . . . 1 vol.
La Traite des Vierges à Londres. . . . . . 1 vol.

CHARLES LACHAUD
Plaidoyers recueillis par M. F. SANGNIER. . . . 1 vol.

CLÉMENT LAURIER
Plaidoyers et Œuvres choisies avec une introduction par AURÉLIEN SCHOLL, et une étude par G. LÈBRE. 1 vol.

G. MACÉ
Le Service de la Sûreté. . . . . 1 vol.
Mon premier Crime. . . . . 1 vol.
Un joli Monde. . . . . 1 vol.

OCTAVE NOEL
Etudes sur l'Organisation Financière. . . . . 1 vol.

JOSEPH REINACH
Les Récidivistes. . . . . 1 vol.

www.ingramcontent.com/pod-product-compliance
Ingram Content Group UK Ltd.
Pitfield, Milton Keynes, MK11 3LW, UK
UKHW020124130726
13696UKWH00001B/201